美容皮膚科医が教える

大人のヘアケア再入門

よしき皮膚科クリニック銀座 院長
吉木伸子

青春出版社

はじめに――美しい髪を求める人へ

美しい髪は、女性のあこがれですね。

素敵なヘアスタイルの人を見ると、つい、目が奪われます。

ただ、生まれつきの髪質や、エイジングの影響があるため、ヘアスタイルにはどうしても限界があります。思うようにならなくて悩んだ経験も、みなさん一度はあるでしょう。

「髪がパサつく」「くせ毛」「ハリ・コシがない」「ツヤがない」、さらには「白髪」「薄毛」など、髪の悩みはつきません。原因は何なのか、どうケアしたらよいのか、今は情報がありすぎて、つい迷ってしまいます。

もちろん、生まれつきの髪質や年齢による変化など、ある程度は仕方のないこともあります。でも今は科学も進んで、自分の髪を変えるためのケアが豊富になっているのも事実。毛髪ケアは、まさに日進月歩の世界です。何年も前と同じケアで妥協していては、損をしているかもしれません。

シャンプーを変えると、驚くほど髪は変わることがあります。

また、薄毛で悩む人も「年齢だから仕方ない」とあきらめてはいけません。育毛剤を正しく使えば、自宅でのケアで改善する可能性もあります。

もう一度、髪を見つめ直してみませんか。


大切なのはまず、髪の基本を知ることです。髪は1本の黒い線に見えますが、糸などと違い、内部では「タンパク質」や「脂質」が複雑な構造を織りなしています。そして毛根部分では、「ホルモン」などの影響を受けながら髪が成長しています。

髪は肌と違って、生きた組織ではないため、ダメージを与えても痛みを感じません。間違ったケアをしていても、自分で気づきにくいのです。

また、肌は4週間でターンオーバーしますが、髪は一度傷めてしまうと生え変わるのに1年以上かかります。

目に見えない髪の構造を知り、髪の悲鳴に耳を傾け、スキンケアと同じくらい丁寧に髪を扱いましょう。髪について正しく知り、最新のケアをすることで、今よりもきっと髪は輝きだします。

美容皮膚科医が教える

大人のヘアケア再入門——目次

8章 もっと知りたい「あの毛」のこと

髪の悩み別
ビジュアル索引

お悩みWORD

くせ毛・うねり
ダメージヘア
薄毛・抜け毛
白髪
広がりやすい
コシがない
パサつく
べたつく
フケ・かゆみ
頭皮のにおい
ムダ毛
顔の毛

お悩み WORD

くせ毛・うねり

生まれつきはストレート…でも30代から
細かい「うねり」が気になりはじめた。
「出産後に髪質が変わった」と言ってる
友達もいる。これって、どうしたらいい?

くせ毛の人は、髪の断面が円形でなく楕円《だえん》形をしています。くせ毛は、生まれつきのものですが、ダメージを受けると、さらに、くせが強く現れます。

対処法としては、シャンプーなどで日々のケアを見直してダメージを改善する、美容室で水分補給のトリートメントを受ける、表面や前髪だけ縮毛矯正などのパーマをかけるなどがあります。髪色は明るめのほうが、見た目上、くせが強調されにくくなります。

1 対策 シャンプーで髪は変わる

シャンプーの選び方によって、髪の状態はかなり変わってきます。選ぶ際、大事なのは「成分を科学的によく見ること」と「妥協しないこと」です。自分に合うものを見極めるため、まずは成分の見方を知りましょう。

⇒ P.52：自分に合ったシャンプー、どう探す？ どう選ぶ？

2 対策 ドライヤーを上手に使う

まずは熱すぎない温風で、なるべくゆっくり乾かします。広がりやすい人は、上からなでつけるように。9割くらい乾いたら、最後の一瞬だけ熱を加えて形を作りましょう。

⇒ P.114：髪のセットを長もちさせる方法は？

3 対策 スタイリングのコツ

ヘアセットを維持するための整髪料を上手に使えば、スタイリングをレベルアップできます。髪を「内部」からセットするもの、表面で髪同士を接着して形を維持するもの、保湿のための整髪料などさまざまな製品があります。

⇒ p.123：整髪料を賢く使って美しいスタイリング

お悩み
WORD

ダメージヘア

**新色カラーや流行のパーマを試してみたい！
でも、傷んでしまっては楽しめない…。
ダメージを受けるたびに毛先をカットするから
なかなか長くは伸ばせない、という声も。**

ダメージヘアは、髪の表面の「キューティクル」がはがれてタンパク質が溶け出し、同時に水分も失われ、さらに気泡が入った状態です。髪のつやは失われ、うねったり広がったりしやすくなります。

ヘアカラーやパーマ、紫外線などがダメージの原因になることは知られていますが、シャンプーやドライヤーなどの影響も大きいものです。毎日のケアを見直すことで、うねりやパサつきを改善しましょう。

1 対策 髪をいたわるシャンプー選び

界面活性剤の種類でいうと、「アミノ酸系」や「ベタイン系」はおだやかです。また、pH4～6くらいの「弱酸性」のものがダメージヘアにはやさしいといえます。シャンプー時のきしみを防ぐコーティング成分も重要です。

⇒ P.78：髪をいたわりたい人のシャンプー選びは？

2 対策 なるべく傷めないカラー剤を

髪色を自由に変えるヘアカラー。ダメージを起こすアルカリ成分をおさえるカラー剤も生まれており、髪に合わせて選ぶことで、美髪をキープしながらヘアカラーが楽しめます。

⇒ P.181：カラーリングによる髪の傷みを防ぐには？

3 対策 原因別にダメージへの対処を

強いカラーリング、パーマ、紫外線など、原因によっても、受けるダメージは変わります。受けたダメージを根本的に「直す」ことはできませんが、今のテクノロジーでは、「見た目」を改善することは可能です。

⇒ P.37：ダメージヘアってどういう状態？ どう防ぐ？

お悩み WORD

薄毛・抜け毛

シャンプーやブラッシング後、大量の抜け毛にビックリ！　鏡を見たら、髪の分け目がやけに目立ってきたようにも感じる。一度気になったら、悩みがどんどん大きくなって…。

40代以上の女性にみられる薄毛のおもな原因は、大きくわけて2種類。ひとつは「加齢」、もうひとつは「壮年性脱毛（＝男性型脱毛）」とよばれるもので、どちらも女性ホルモンと関わっています。女性ホルモンが減ると、髪が細くなったり少なくなったりすることがあります。

ホルモン自体は増やせませんが、薄毛を防ぐさまざまな育毛剤が開発されています。また、髪は肌と同じように睡眠や食事によっても変わってきます。

1 対策 髪の生える仕組みを知る

髪が生えるサイクルを知ることは、「薄毛」を理解するうえでとても重要です。薄毛に関わるのは、髪の発生母地である毛根の「毛乳頭《もうにゅうとう》」の部分。ここが正常に働かないと、髪は生まれないし、育たないことを理解しましょう。

⇒ P.130：髪はどう伸びて、どう抜ける？

2 対策 育毛剤や頭皮マッサージ

気になりはじめたときが、育毛剤を使いはじめるタイミング。1か月ほど続けると、髪の根元がしっかりしてくるのを実感できる人が多いようです。血行をよくするマッサージも育毛に有効です。

⇒ P.144：女性の薄毛治療、どんなものがある？

3 対策 ウィッグをもっと楽しもう

薄くなった部分を「隠す」だけでなく、おしゃれの幅を広げるアイテムとして利用するのも方法です。上手にフィッティングすれば（写真はウィッグ装着時）、近くで見てもわかりません。

⇒ p.166：つけ毛（ウィッグやヘアピース）って、どんなもの？

お悩みWORD

白髪

美容師さんから「白いの、カットしておきますね」と指摘されて、白髪を意識するように…。なかには、あっという間に増えてしまった、という人も。

40代頃から急に増えてくる白髪。これは髪の色を決める物質「メラニン」が、なんらかの原因で作られなくなったり、毛髪に受け渡されなくなったりすることで起こります。

しかし、なぜそうなるのかがわかっていないため、白髪を治したり減らしたりすることは、現代の科学をもってしてもできません。そこで「染める」という選択肢になりますが、染め方を工夫することで、若く美しい髪をキープできます。

1 対策 白髪の性質を知る

白髪は薄毛よりも解明されていません。10代の人の「若白髪」もある一方、50代でもほぼ黒髪の人もいて、個人差が大。選択肢はやはり染めることですが、白髪はパサつきやすいため、その性質を知って上手なヘアカラーを。

⇒ P.194：白髪はなぜ生える？ 白髪をなくす方法はある？

2 対策 カラー剤の選び方

もっともよく使われるのは、シャンプーしても色落ちしない「永久染毛剤」です。ほかにも、洗うと少しずつ色が落ちる「ヘアマニキュア」「カラーリンス」などがあります。特徴を知って使い分けをしましょう。

⇒ P.174：カラー剤の種類はさまざまだけど、どう違う？

3 対策 カラーの色や明るさを工夫

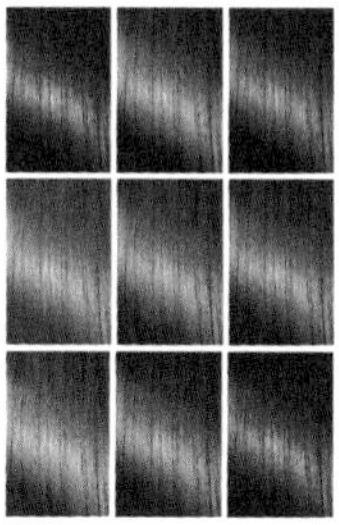

白髪はまだ一部という人は、暗めのブラウンを選ぶのがポイント。あまり明るい色にすると、黒髪にダメージを与えるためです。白髪が半分以上になってきたら、明るくすることも可能で、そのほうが境目が目立たない場合も。

⇒ P.197：ダメージを防ぎながら白髪を染めるには？

お悩みWORD

広がりやすい

1本1本が水分を含んだ髪は、しっとりと落ち着きますが、水分が失われるとそこに空気が入って、髪は広がりやすくなります。

髪の水分が失われる最大の原因は、ダメージ。髪の表面のキューティクルが傷み、中のコルテックスタンパクが流れ出すと、同時に水分も失われます。

無理にアイロンなどで押さえつけるとかえってダメージを与えてしまうので、根本から髪をいたわるケアに切り替えて。

対策

広がりをおさえるには

失われた髪内部のタンパク質を補修するトリートメントを受け、さらに、表面に皮膜を作って水分を守る整髪料で、スタイルをキープします。シャンプーを変えてみる、カラーの方法を見直す、などのダメージ対策も有効。

P.123：
整髪料を賢く使って美しいスタイリング

お悩みWORD

コシがない

「髪が細く、ぺしゃんこになる」「スタイリングがもたない」「コシがない」……という悩みは、生まれつきの人もいますが、加齢で髪が細くなり、コシが失われることもあります。

ブローやスタイリングを工夫してみましょう。また、コンディショナーなどのコーティング成分を髪に与えすぎると、余計にぺしゃんこになる人もいるので、そういう人は「ノンシリコーン」のものを使うのも一案です。

対策

ブローでボリュームを出す

髪にボリュームがない人は、洗髪後にドライヤーで乾かすとき、頭を前に傾けて後ろから風を送って髪を逆立てるようにしましょう。分け目部分は、髪の流れと逆に風を当てると、根元がふわっと立ち上がります。

⇓

P.114：
髪のセットを長もちさせる方法は？

お悩みWORD

パサつく

パサつきの原因は、おもにダメージ。ダメージヘアでは、キューティクルがはがれてコルテックスが溶け出し、そこに空気が入ってスカスカに。この状態ではワックスなどをつけても、髪の内部が水分を含まないので、しっとりしません。

ダメージの原因は、加齢、紫外線、パーマ、カラー、ヘアアイロン（こて）やドライヤーによる過度の熱など、さまざま。ダメージを防ぎながらおしゃれを楽しむ工夫が必要です。

対策

ダメージを与えず おしゃれを楽しむ工夫を

「ダメージヘアだから」と、パーマやカラーをあきらめなければいけないというわけではありません。パーマやカラーの薬剤も、新しいものがどんどん開発されています。知識をもち、ダメージをおさえた施術を受けましょう。

⇓

P.181：
カラーリングによる
髪の傷みを防ぐには？

お悩みWORD

べたつく

多くのシャンプーが、髪のきしみをおさえるための油分を配合しています。

しかし、脂性肌で頭皮がべたつく人は、逆に油分の少ないシャンプーを選ぶほうがよいでしょう。

頭皮に赤みやかゆみが出て油っぽいフケが出る人は、「脂漏性《しろうせい》皮膚炎」の可能性があります。

甘いものや脂っこい食べ物を控えるようにして、さらに、市販の頭皮湿疹用の塗り薬を試してみましょう。

対策

シャンプーの選び方と使い方を工夫して

べたつきを気にする人は、とかく洗いすぎになりがちです。洗いすぎると、さらに皮脂が増える悪循環に陥ることも。シャンプーは少量をよく泡立てて、爪をたてないようにやさしく洗いましょう。

⇓

P.52：
自分に合ったシャンプー、どう探す？ どう選ぶ？

お悩みWORD

フケ・かゆみ

かゆみの原因として、もっとも多いのは「脂漏性《しろうせい》皮膚炎」です。頭皮に赤みやかゆみを生じ、ひどくなるとフケが出ます。また、頭皮の深部に炎症がおよぶと、一時的に薄毛になることも。食生活を見直して和食中心を心がけ、改善しないときは皮膚科を受診しましょう。

また、ヘアカラー後に頭皮が赤くなる、かゆみが数日続く、フケが出るような場合は、カラー剤のアレルギーが疑われます。カラー剤の種類変更を検討して。

対策

シャンプーを変えると改善できることが

まずは地肌にやさしいシャンプー選びを。また、シャンプーの頻度を減らすと、頭皮や髪の負担が減ります。洗わない日を設ける、湯シャンを取り入れるなど工夫してみましょう。

⇓

P.96：ちゃんと洗っているのにかゆいのは、どうして？

お悩みWORD

頭皮のにおい

頭皮の皮脂が空気で酸化されたり雑菌で分解されたりすると、においを発します。頭皮は皮脂が多い部位なので、脂性《あぶらしょう》の人でなくても、シャンプーから6時間後には再び皮脂におおわれ、鼻を近づければある程度のにおいはします。どんなに洗っても完全に無臭にはなりません。

髪の根元がべったりするほどの皮脂を放置しないかぎり、周りの人にまでにおうことはないはずです。あまり神経質になることはありません。

対策

においの原因は皮脂と知ろう

「夏は汗をかくから１日２回洗髪する」という人がいますが、におうのは汗ではなく皮脂です。脂性の人はにおいやすいですが、それでも１日１回洗えば十分です。

⇓

P.108：
ちゃんと洗っても頭皮がにおうのは、どうして？

お悩みWORD

ムダ毛（腕・脚・うなじなど）

腕や脚など、露出する部分の毛は、気になる人が多いよう。ムダ毛処理する場合は、肌を傷つけないことが重要です。自分で処理する場合、毛抜きや除毛テープで「抜く」と、ダメージを与えやすいので注意して。「剃《そ》る」ほうが、肌への負担は軽めです。

また、剃ったあとの皮膚はデリケートになっています。肌にやさしい保湿クリームなどで保湿する、紫外線に当てないなどのケアが必要です。

対策

自宅ケアなら「剃る」が一般的

自宅で処理するなら、剃るのがもっとも手軽で一般的な方法です。ただし、やり方によっては肌が傷つき、かゆみが出たり、膿《う》んだりしてしまうことも。肌にやさしい処理の仕方を学びましょう。

⇓

P.218：
ムダ毛はどう処理したらいい？

お悩みWORD

顔の毛（ひげ・鼻毛・まつ毛など）

女性でも口まわりやあご、鼻の下にひげのようなものが生えることがあります。更年期付近で、女性ホルモンが低下すると同時に男性ホルモンが活性化されることがあり、ひげが濃くなるケースがあります。ただし、20代くらいの人でもひげがみられることがあり、原因はよくわかっていません。

加齢で鼻毛が伸びる、まつ毛が薄くなる、短くなる、といった変化も起こることがあります。

対策

デリケートな顔の毛の処理はとくに慎重に

ひげが気になる場合は、顔用の電気シェーバーでやさしく剃りましょう。鼻毛は鼻毛ばさみで、眉まわりの細かい毛は眉バサミでやさしくカット。まつ毛を長く伸ばすには、「ビマトプロスト」という成分が効きます。

⇓

P.226：
いちばん見られやすい顔の毛のケア、どうする？

図1 髪の基本。ヘアサイクルを知ろう!

❶ 成長期（2〜6年）

頭髪（10万本）のうち85〜95%が成長期。
毛乳頭で活発に細胞分裂が起こり、毛の細胞が生まれ、毛は伸びていく。

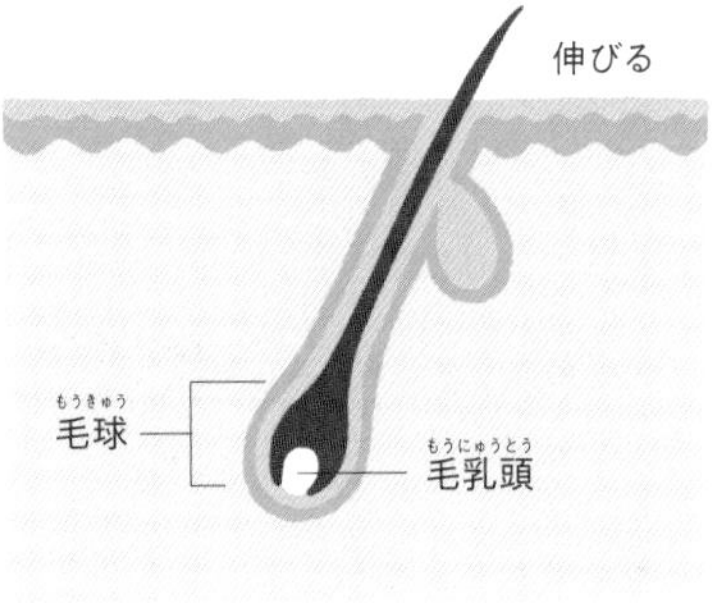

1日100本の抜け毛は正常。2日に1回洗髪する人では、一度の洗髪で200本抜けたように見える。短い毛が抜ける場合は、薄毛の兆候である場合がある。

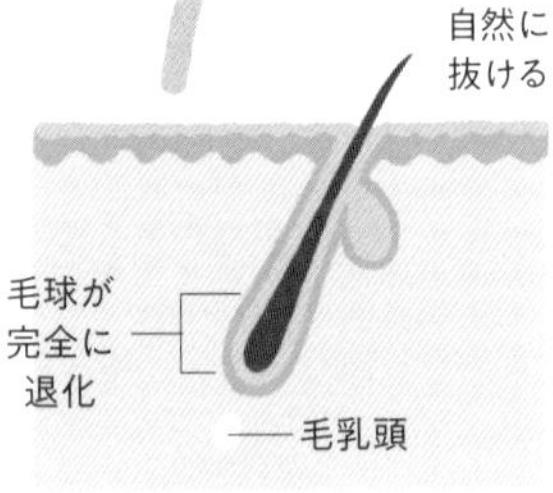

❷ 退行期（2〜3週）

頭髪のうち1%が退行期。
退行期に入ると、細胞分裂は停止する。

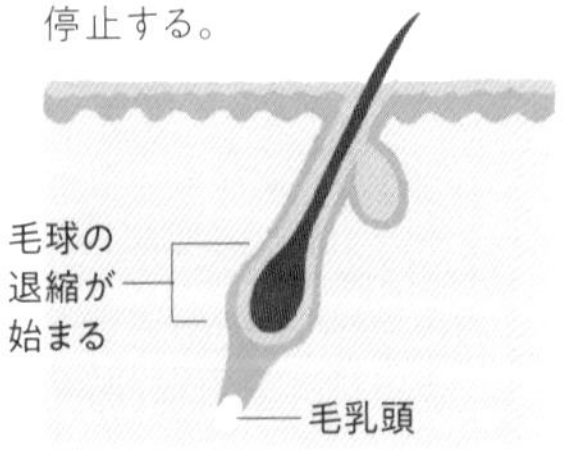

❸ 休止期（3か月）

頭髪のうち10%前後が休止期。

毛根は萎縮し、徐々に皮膚の浅いところに移動。最終的に自然に脱落する。洗っているときなどに髪が抜けるのは、この休止期毛であり、引っぱると数gの力で抜ける。

図2 髪にまつわるさまざまな名前と数字

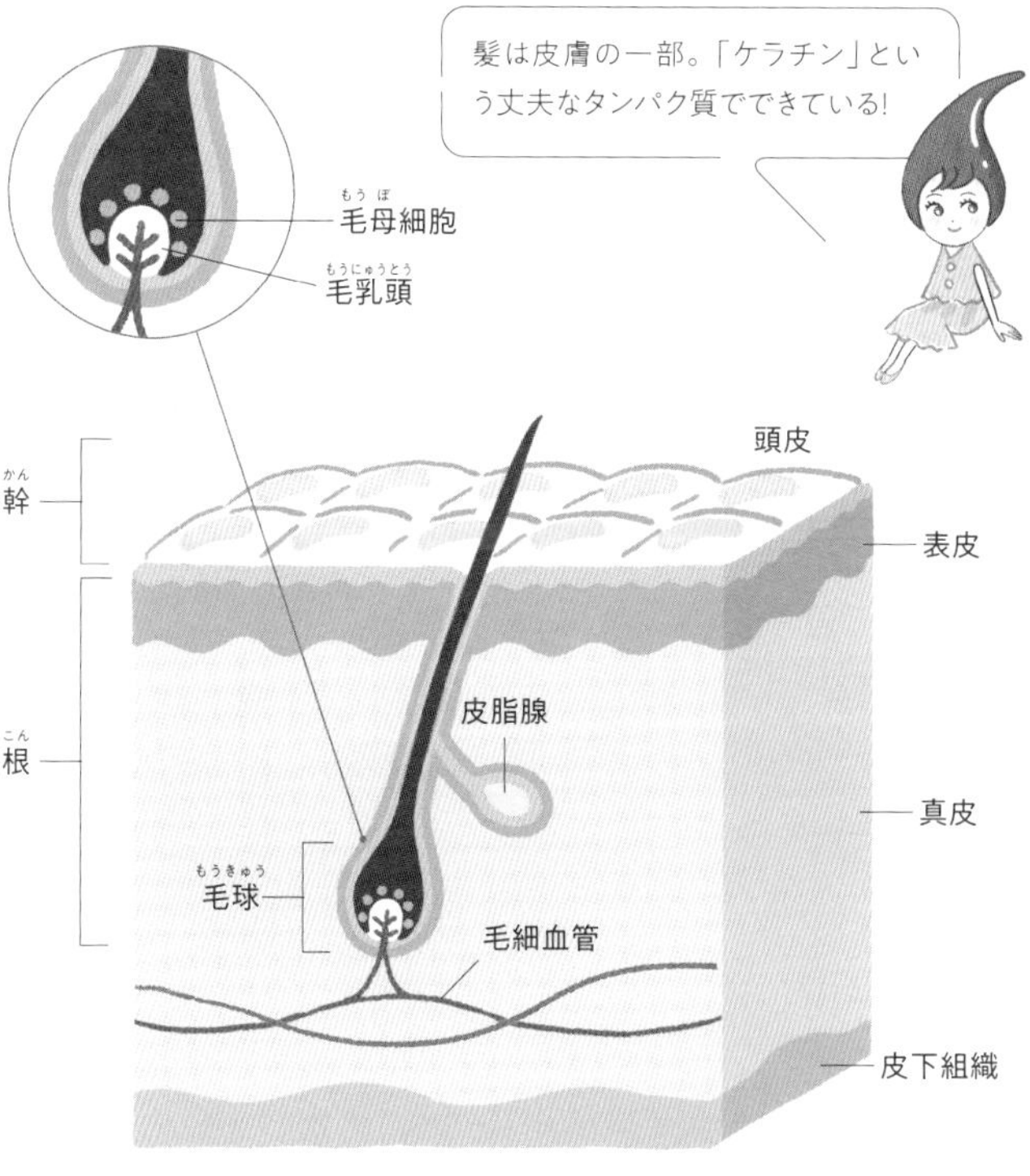

頭髪の基本データ

- **本数**……………全体で10万本
- **太さ(直径)**……日本人女性は平均0.08mm
- **伸びる速度**……1日に0.4~0.5 mm(1か月に約1cm)
- **成分**

タンパク質/80%(ケラチンタンパク70%、非ケラチンタンパク10%)
水分/12%
CMC脂質(キューティクルやコルテックスをつなぐ重要な成分)/3.5%
その他(メラニン色素、NMF(天然保湿因子)など)/4.5%

図3 頭皮と髪のための生活習慣

毛根では、血液から栄養をもらって髪が成長する。髪を育てるために必要な栄養素をとり、生活習慣を見直すことが美髪につながっていく。

食事

和食中心の健康的な
食事が理想的

生活習慣

ストレスが頭皮のかゆみなどの
原因になることも

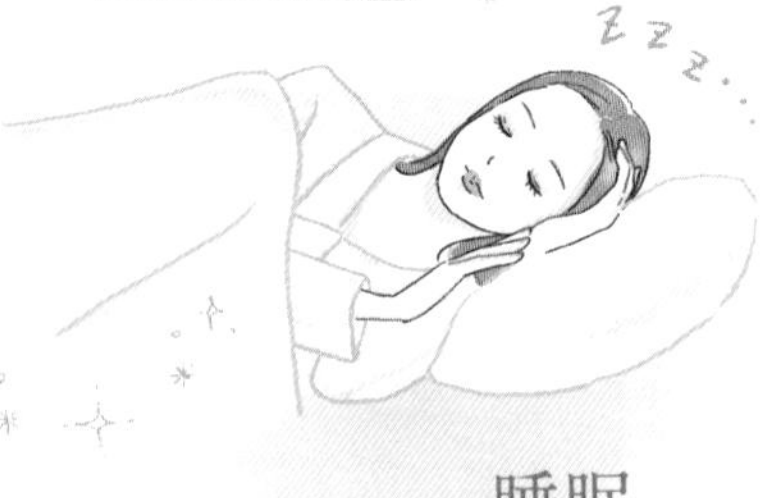

睡眠

早寝早起き、規則正しく

1章

美しい髪を育てる秘訣

美しい「ツヤ髪」の秘密は何？

キューティクルよりも重要なのはコルテックス

「美髪といえば、キューティクル」と思う人が多いでしょう。

「キューティクル」という言葉が世で使われ出したのは、今から50年近く前、1970年代頃のことです。この頃から日本では美しい髪への意識が高まり、キューティクルを守るシャンプーなどが開発されるようになりました。今では、キューティクルが傷むと髪が傷んで見えることは、子供でも知っていますね。

でも、**「しなやかなツヤ髪の決め手」として最近注目されているのは、キューティクルというより、その中にある「コルテックス」**です。髪の80%はコルテックスで、キューティクルはそれをおおっている薄いシートのようなものです。キューティクルだけにとらわれず、広い視野をもって、新しいヘアケアを取り入れましょう。

図4 まるで「のり巻」のような髪の構造（断面図）

髪の構造はよく、のり巻にたとえられます。
かんぴょう巻などを頭に浮かべてください。
黒いのりの部分が「キューティクル」で、
白いご飯の部分が「コルテックス」、
中のかんぴょうが「メデュラ」と呼ばれる髪の芯です。

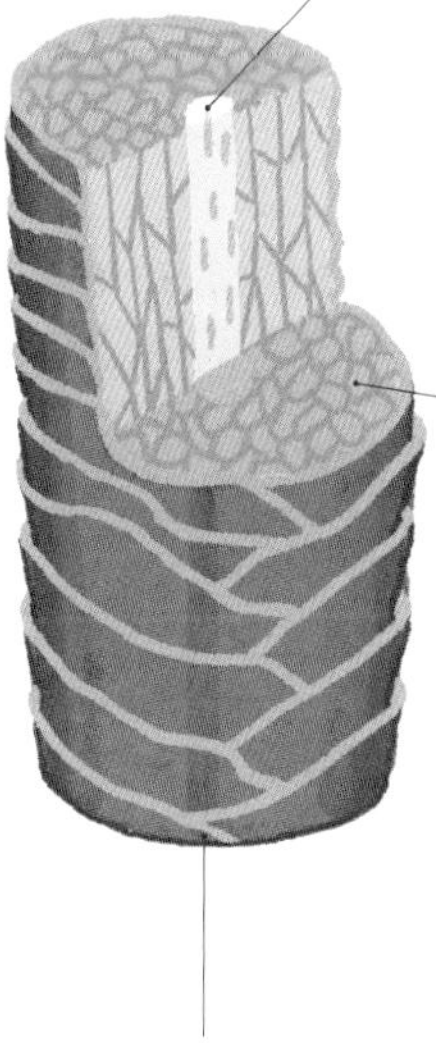

メデュラ

髪の「芯」のようなもの。のり巻でいう「かんぴょう」部分。髪の一番奥のメデュラは、硬い芯のようなもので、これによって髪の硬さが決まる。「うぶ毛」とよばれる軟毛（腕の細い毛など）にはメデュラがない。

コルテックス

のり巻では「ご飯」の部分が大半を占めるように、髪ではコルテックスの部分がその大半を占めている。コルテックスはおもにタンパク質からできている。ダメージヘアではコルテックスのタンパク質が溶け出して、空気が入っている。そうなると髪はツヤを失い、硬く、パサついてくる。

キューティクル

のり巻でいう「のり」の部分。透明なシートのような組織であり、キューティクルが光を反射して髪はつややかに見える。また、髪をおおって、内部のコルテックスタンパクを守っている。のり巻ののりが破れるとご飯がはみ出すように、キューティクルが傷むとコルテックスのタンパク質が溶け出して、ダメージヘアになる。

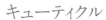

髪の構造は、のり巻に似ています。

【図4】のように、黒いのりの部分が「キューティクル」で、白いご飯の部分が「コルテックス」、中のかんぴょうが「メデュラ」とよばれる髪の芯です。

コルテックスは髪の本体

コルテックスは、髪のおもな部分で、タンパク質の束でできています（「コルテックスタンパク」という）。

水分を含んだ肌に透明感と弾力があるように、コルテックスのタンパクがすこやかで水分を含んでいると、髪はつややかで美しく見えます。

外側で守るキューティクル

キューティクルは、ミクロの透明なアクリル板のようなもので、ウロコのように重なり合って、髪をおおっています。キューティクルが光を反射することで、髪はつややかに見えます。

キューティクルは、内部のコルテックスタンパクを包みこむように守っています。

のり巻ののりが破れるとご飯がはみ出すように、キューティクルが傷むとコルテックスのタンパク質が溶け出して、ダメージヘアになります。

キューティクルは、摩擦《まさつ》に弱い

キューティクルは、**魚のウロコのように一方向に（髪の根元から毛先のほうへ向かって）並んでいます**。上から下へブラッシングするのはよいですが、逆にするとキューティクルがはがれてしまいます。

また、濡《ぬ》れた髪はキューティクルがふやけて浮き上がっており、さわるとはがれやすい状態に。洗髪後の濡れた髪は、こすり合わせたりせず、タオルでやさしくはさむように押さえて水けをとることが大事です。

髪は皮膚からできたもの

よく「爪は骨なのか？」という質問を受けます。硬いから骨の一部かと思う人がいるのかもしれませんが、爪は皮膚の一部です。

また、**髪も体毛もすべて皮膚の一部**です。

皮膚の外側の角質の部分が、進化の過程で変化して、爪や毛が生まれたのです。

その証拠に、皮膚の角質、爪、毛は、すべて**「ケラチン」という丈夫なタンパク質**でできており、構造は互いにとてもよく似ています。爪と毛をあわせて「角質器」もしくは「皮膚の付属器官」ともよびます。

「コラーゲン」というタンパク質をよく耳にしますが、コラーゲンは皮膚の奥に存在します。

ケラチンのほうが硬くて丈夫なため、皮膚の一番外側を守ることに適しています。そのため角質はケラチンでできているほうが、ヒトにとって都合がよかったのでしょう。

ダメージヘアってどういう状態？ どう防ぐ？

パサつく、うねる……髪に空気が入るとダメージヘアに

のり巻のご飯の部分つまり**「コルテックス」**に、**空気が入っているのがダメージヘア**です。ヘアアイロン（こて）の使いすぎや過度のブローでキューティクルがはがれると、中のコルテックスのタンパクが流れ出します。

また、パーマやカラーはキューティクルをわざと開かせて中に薬剤を作用させるので、コルテックスを傷めます。**コルテックスタンパクが流れ出すと、かわりに空気が入ってしまいます**。

空気が入るとなぜ、髪はパサつくのでしょう。

コルテックスのタンパク質は、水分を含んでいます。したがって、タンパク質が溶

け出すと、いっしょに水分も失われます。

水分が抜けたところに空気が入り、空洞ができます。「乾いた麩《ふ》菓子」のような状態です。こうなると**髪は、硬くゴワゴワし、空気が入ったところは白っぽく見えます**。

また、コルテックスに空気が入ると、あちこちに穴があいたような状態になり、密度が均一でなくなります。そのため、**髪がまっすぐでなく、うねって広がります**。これがダメージヘアの本質です。

「速乾」は、髪への負担になる

髪のタンパクは、濡れた髪では「58度」、乾いた髪では「90度」を超える温度で、ダメージを受けます。濡れた髪ではキューティクルが開きぎみのために、温度にも弱くなっています。

強い温風で短時間で髪を乾かすと、キューティクルがめくれあがることがあるので、髪からドライヤーを少し離して、ゆっくり丁寧に乾かすほうがダメージをおさえることができます。

図5 ダメージヘアはこんな状態！

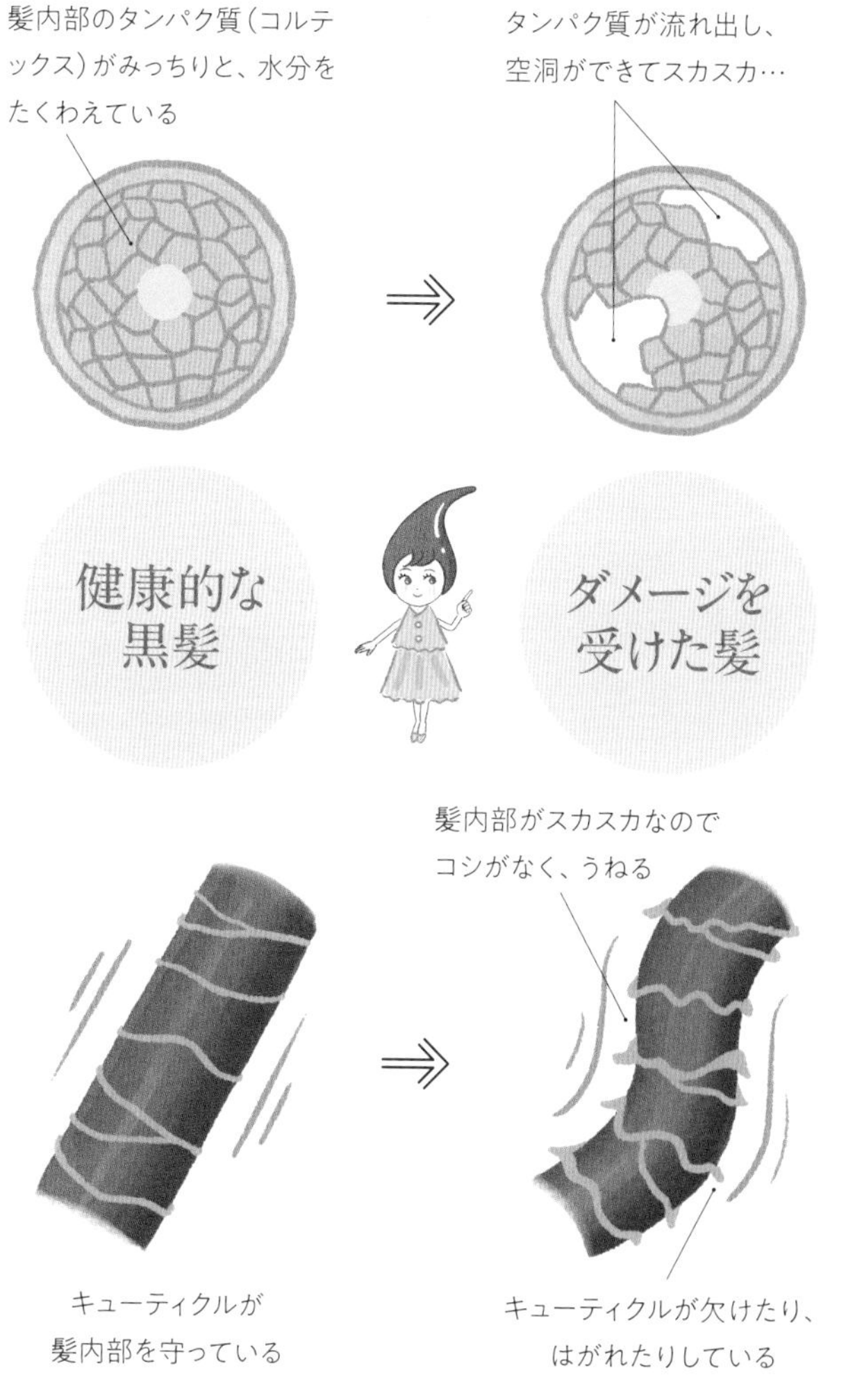
髪内部のタンパク質（コルテックス）がみっちりと、水分をたくわえている
タンパク質が流れ出し、空洞ができてスカスカ…
健康的な黒髪
ダメージを受けた髪
髪内部がスカスカなのでコシがなく、うねる
キューティクルが髪内部を守っている
キューティクルが欠けたり、はがれたりしている

ドライヤーではよほど1か所に当て続けないかぎり、あまり高温にはなりませんが、極力、「冷風」と交互に使うなどの工夫が必要です。

ただし、湿ったまま髪を放置するのもNGです。濡れた状態の髪はダメージを受けやすいので、最終的にはしっかり乾かすほうが髪のためにはよいのです（男性で短髪の人など、ダメージが気にならない人は、自然乾燥でも大丈夫です）。

ダメージヘアの重症度と現れ方

髪のダメージには以下のような段階があります。
また、原因によって、ダメージの現れ方が違います。

軽いダメージ	髪のパサつき。ゴワゴワする。ツヤがない。うねる。カラーの色が抜ける。
中等度のダメージ	チリチリして広がる。枝毛になる。茶色っぽくなる。
重度のダメージ	切れ毛。色が抜けて金髪のようになる。

●**強いカラーリングによるダメージ**……髪の表面のキューティクルがはがれる。ツヤがなく枝毛が目立つ。

●**パーマによるダメージ**……コルテックスタンパクが流れ出し、針金のように弾力がなくなる。パーマは髪内部に働きかけるため、深いところへのダメージが大きい。

●**紫外線によるダメージ**……キューティクルが傷み、色素も紫外線で破壊されるため、髪色が赤っぽく変色する。

●ヘアアイロン（こて）などによる熱ダメージ……タンパク質が「熱変性」し、髪が硬くゴワゴワになる（肉を焼くと硬くなるのと同じ現象）。

美容室でカラーやパーマをして、そのあとに思いがけないダメージヘアになってしまうと、ショックは大きいですね。

極端なダメージを防ぐためには、美容師さんが現在の髪の状況をきちんと把握し、その髪が耐えられる範囲での施術をする必要があります。自分の髪質を理解している美容師さんによく相談しましょう。もちろん、自分でもあまり無理をしないことが大切です。

美容室でおこなわれる施術のなかでは**「縮毛矯正」が、もっともダメージリスクが高いもの**になります。カラーリングのなかでは、金髪や鮮やかな色にするための**「ブリーチ（脱色）処理」がハイリスク**です。

美容業界では**究極のダメージヘアのことを「ビビリ毛」や「ポーラス毛」**（※）といい、焦げたようにチリチリして広がった髪のことを指します。こうなると、生え変わるまではパーマやカラーなどはできません。

ひどい切れ毛になると、根元に近い部分からブチブチと切れていき、全体の毛量が減って、急に薄毛になったように見えることがあります。

重度のダメージヘアになってしまった場合は、ダメージヘアに詳しい美容室でトリートメントを受けてみましょう。ただし、もちろんその効果には限界があります。

※「ポーラス」は英語で「porous」、日本語でいうと「多孔質」です。「pore」（穴）からきた言葉で、軽石のようにたくさん穴があいた状態を指します。「ポーラス毛」とは、タンパク質が流れ出して穴があき、そこに空気が入った髪という意味です。

髪のダメージを「直す」ことはできない

「毛髪補修」とか「ダメージリペア」などという言葉がよく使われますが、基本的には、**ダメージヘアを本当に「直す」ことはできません**。

キューティクルがはがれたり、そこからコルテックスタンパクが流れ出したりした場合、髪は精密なミクロ構造なので、それらを復元することは、最先端の科学をもってしても不可能です。はがれたキューティクルをくっつけることもできません。

過度なカラーリングなどで髪が傷んでしまった場合、結局は生え変わるまで直らないことは、経験した人も多いでしょう。

ただ、今のヘアケアテクノロジーでは、**「見た目」を改善することは可能**です。失われたタンパク質にかわるものをトリートメントで髪の内部に入れたり、キューティクルにかわるもので髪をコーティングしたりすることなど。

そのようにして、本当に直ったわけではなくても、直ったように見せかけることはある程度、可能になってきています。

髪はダメージを与えると完全には直らないことを忘れず、最大限気をつけて扱い、それでも傷んでしまった場合には、最先端のケアで美しく見せる手法を探しましょう。

図6 ダメージヘア改善10箇条

❶ 自分で染めることをやめる

市販のヘアカラーは極力避ける。

❷ ヘアカラーの色を見直す

明るい色ほどダメージを受けるので、色のトーンを落とす。

❸ シャンプーを変える

自分の髪質に合ったシャンプーを使う。また、シャンプーを1日おきにして、湯シャンを取り入れる。

❹ レイヤーの少ないヘアスタイルを選ぶ

切った断面から髪は傷む。レイヤーを入れると傷みが目立つ。

❺ パーマなしでスタイリングできる髪型を

パーマは髪への負担がもっとも大きい（アイロンで毎日巻くなどのほうが髪への負担は少ない）。さらに、ブローやアイロンでのセットを毎日おこなわず、頻度を落とすとよい。とくに人と会う予定がないときはまとめ髪で過ごす。

❻ 静電気から髪を守る

衣類に静電気防止のスプレーなどを使用する。

❼ ドライヤーも見直す

強い熱風で速く乾かすほうが髪は傷む。髪をいたわるドライヤーを選んで、髪から離し、弱めの温風でゆっくり乾かすほうがよい。

❽ 美容室に相談する

髪を補修するトリートメントを美容室で受ける。

❾ 紫外線から髪を守る

長時間、日に当たるときは、髪を束ねる、帽子をかぶるなど。

❿ 体の中から改善する

肉や魚などのタンパク質をとる。早寝早起きをする。貧血がある人は、婦人科か内科を受診する。

髪を育てる食べ物って、どんなもの？

髪や毛は、自分が食べたものでできている

髪は肌と同じように、食生活の影響を受けています。よく「ワカメなどの海藻が髪によい」といわれますが、それは見た目が髪に似ていることからきた俗説です。

では、本当に髪を育てるために必要な栄養素は何でしょう？　具体的に必要なものを挙げます。

髪を作るもととなるタンパク質（例：肉類や魚介類、卵、大豆など）

髪はケラチンタンパクでできているので、**その材料となるタンパク質**が必要です。肉か魚を毎日、少なくとも１００gは食べましょう（鶏のささみで1本と半分くらい）。

現代日本人の食生活は、糖質（炭水化物）に偏りがちで、とくに女性ではその傾向

が強くなっています。

タンパク質が不足すると、体内で脂肪を効率よく燃焼できなくなり、肝臓に脂肪が沈着する「脂肪肝《しぼうかん》」という病気になることもあります。健康診断で、「AST」「ALT」などの肝機能を示す数値がだんだん上がってきている人は、要注意です。


鉄分（例：赤みの牛肉、かつお、まぐろ、レバー、あさり、プルーンなど）

鉄は、ほうれん草やひじきなどの野菜にも入っていますが、「**動物性**」のほうが効率よく利用されます。

健康診断などで貧血を指摘されても放置している人がいますが、**貧血だと髪が細くなり、また皮膚も薄くなって乾燥します**。血液検査で「ヘモグロビン」の値が「11」以下の人は、放置しないほうがよいでしょう。

貧血の人は病院で鉄剤を処方してもらうのもよいですし、市販の鉄のサプリメントも有効です（病院の鉄剤よりも市販の「**ヘム鉄**」のほうが吸収がよく、便秘や下痢などの副作用もあまり起こしません）。ただし、鉄剤は摂りすぎると有害になるので、数か月飲んだらまた血液検査を受けましょう。

亜鉛（例：肉類や魚介類、卵、乳製品、大豆、野菜、海藻など）

タンパク質を体内で効率よく利用するために必要な栄養素で、亜鉛が欠乏すると薄毛、免疫低下などの症状を起こします。

ただし、普通の食生活をしていれば不足することはありません。**摂りすぎると逆に脱毛を起こすことがある**（※）ので、むやみに亜鉛のサプリメントなどを飲むことは控えましょう。インスタント食品ばかり食べるなど、極端に偏った食事をしている人では、亜鉛が不足する可能性があります。

※亜鉛が過剰になると、体内での銅の吸収が阻害され、その結果、脱毛が起こることがあります。

東洋医学では「血虚」が薄毛をもたらすと考える

東洋医学では髪を「血余《けつよ》」といい、血から作られていると考えています。

実際に、貧血になると髪が薄くなったり細くなったりしますが、医学が発達する前から、漢方の世界ではその現象を概念的にとらえていたことになります。

漢方でいう「血」は、「けつ」と読み、血液よりももっと広い意味を持ちます。血は、肌や髪に栄養を与え、体全体を元気に保ちます。

血が不足することを「血虚《けっきょ》」といい、血虚になると、皮膚や髪が乾燥して弱くなります。また、体が冷えたり疲れやすくなったりします。立ちくらみや動悸《どうき》も、血虚の現れのことがあります。

血虚の原因は、**食事の偏り（肉や魚を食べないなど）、過労のほか、老化もその一つです**。老化によって血を作る力が弱くなるため、誰でもある程度は年齢とともに血虚に傾き、皮膚が薄くなったり髪が細くなったりします。

血虚を極力防ぐためにはどうしたらよいのでしょう。

タンパク質や鉄分を食べ物で摂取することも大切です。肉や魚を１日１００g以上は摂りましょう。サプリメントに頼らず、食べ物から摂るほうが健康的です。疲労がたまると血虚に傾くので、早寝早起きをして規則正しく暮らすことも大切です。

さらに、漢方で改善することもできます。

以下のような処方が、血虚を改善する処方の代表的なものです。薬局で購入することも、病院で処方してもらうこともできます。

ただし、肝臓、腎臓、心臓や血圧に持病がある人は、自己判断で服用せず、病院で相談して処方してもらいましょう。

◎**四物湯**《しもつとう》……血虚を改善する代表処方。全身の皮膚が薄く乾燥している、冷え性、指先にあかぎれができやすいなどの人に。

◎**当帰芍薬散**《とうきしゃくやくさん》……色白でむくみやすい女性によく合う。冷え性で冬は湯たんぽを使う、立ちくらみがする、生理前に頭痛がするなどの人に。

◎**十全大補湯**《じゅうぜんたいほとう》……極度の疲労や、栄養不良の人、免疫低下がある人、病後で体力が落ちている人など。皮膚は浅黒く和紙のように乾燥している。

これらの処方で血虚を改善し、体調がよくなることや冷えが改善することがあります。髪にも効果がみられることもありますが、加齢による薄毛が漢方だけで治ることはまれです。

2章

シャンプーで
髪は大きく変わる

自分に合ったシャンプー、どう探す？　どう選ぶ？

シャンプーの働きは「落として」「守る」

ほぼ毎日のように使うシャンプー。シャンプーの選び方によって、髪はかなり変わってきます。日々の洗顔などのスキンケアで肌が変わるのと同じです。髪への意識が高まり、最近ではドラッグストアだけでなくネットや美容室などでこだわりのシャンプーを購入する人も増えてきました。

シャンプーの成分を見ると、よく知らないカタカナが並んでいて、非常に難解です。

しかし、髪のためにはある程度の知識は必要。まず、シャンプーの成分について知りましょう。シャンプーには、**「頭皮を洗う」ことと「髪をケアする」こと**というふたつの働きが求められます。しかし、洗うこととケアすることは、ある意味で逆の方向を向いているともいえます。洗う、つまり皮脂などの汚れを落とせば、ある程度は髪や頭皮のうるおいも奪われます。ケアするためには、落としすぎないことや、油分をある程度残して髪を保護することが必要です。

つまり**「落とす」ことと「残す」こと、シャンプーにはこのふたつの逆向きの作用が求められます**。これらのバランスが、シャンプーのもっとも大切な部分です。

シャンプーを構成するおもな成分

シャンプーの成分は、おもに**「落とす」ための洗浄成分**（界面活性剤）と、**「ケアする」ための保湿成分**のふたつです（そのほか、香料や防腐剤、発泡剤なども含まれます）。

洗浄成分には、強いものから弱いものまでいろいろありますが、弱ければいいというものではなく、弱すぎると汚れが落ちなくて、においやべたつきの原因になります。

保湿成分は、髪のからみや静電気を防ぎ、ツヤとうるおいを与えるもの。「油分」や「シリコーン」などのすべりをよくする成分のほか、界面活性剤の一種で髪に水分を与える働きをもつものも配合されています（P.73参照。コンディショナーに使われる保湿成分とほぼ同じものが、シャンプーにも使われます）。

石鹸系（アニオン系）

石鹸も、一種の「アニオン系（陰イオン系）」界面活性剤。石鹸は、体を洗うのにはよいが、アルカリなので髪を洗うと髪にダメージを与え、ヘアカラーも褪色しやすい。また石鹸成分は、水道水に含まれる微量の金属と結合して「スカム」という不溶性物質を作り出し、それが髪に残るとギシギシした感触になる。環境中で分解されやすいので、排水として流れたあと、河川などの環境破壊の影響が少ないのがメリット。

表示名
「石鹸素地」
「脂肪酸ナトリウム」
「脂肪酸エステル」
など

アミノ酸系（アニオン系）

表示名
「N-アシルタウリン塩」
「アシル化グルタミン酸塩」
「ラウロイルメチルアラニンNa」
「ココイルアラニンTEA」
「ココイルメチルタウリンNa」
など

地肌にも髪にもやさしい。「アトピー用」「敏感肌用」シャンプーとして売られているものはアミノ酸系が多い。ただし、泡立ち、洗浄力が弱いのと、粘度が出ないことが難点。アミノ酸系を主体としたシャンプーは、水のようにさらっとしている。油性のワックスをつけている人や、地肌が脂性の人では汚れが十分に落ちないことも。

図7 シャンプーに使われる界面活性剤の種類

硫酸系（アニオン系※）

※水に溶けたときに「疎《そ》水《すい》基《き》」の部分が「マイナスイオン」になるものを「アニオン系」という。

洗浄力・泡立ちともによい。「アニオン系（陰イオン系）」の代表としてシャンプーにもっともよく使われている。「高級アルコール系」「サルフェート」「ES」「AES」などと呼ばれる。30年ほど前には「ラウリル硫酸塩(AS)」が盛んに使われており、肌荒れなどのトラブルが起きたが、それを改良した「ラウレス硫酸塩（AES）」が開発され、肌への刺激は緩和された。ASはシャンプーやボディソープには使われなくなったが、今でも「合成界面活性剤は肌に悪い」というイメージが残る。

表示名
「ラウレス硫酸Na」
「AES」
など

高級アルコールの「高級」とは、「高価な」という意味ではなく、「高分子」のこと。高分子であるほど、オイルのような感触になる。このタイプの界面活性剤を「石油系」と呼ぶことがあるが、現在では石油ではなくヤシ油から作られている。

ベタイン系（両イオン性）

地肌にも髪にもやさしいが、泡立ちや洗浄力がとても弱いため、洗浄成分として単独ではあまり用いられない。目に入ってもしみないため、赤ちゃん用シャンプーによく使われる。両性の界面活性剤（プラスとマイナス両方のイオンをもち、酸性ではマイナス、アルカリではプラスに傾く）。

表示名
「コカミドプロピルベタイン」
「ラウロイルプロピルスベタイン」
「ココアンホ酢酸」
など

column

「界面活性剤」って怖いイメージ？

界面活性剤は、自然にも存在するもので、肌や髪のケアには不可欠なものです。

界面活性剤は「水」「油」それぞれと結合するため、2本の腕をもっています。1本の腕で油汚れをつかみ、もう1本の腕で水と手をつないで、お湯ですすぐときに汚れを取り去ってくれます。

界面活性剤にも無数の種類があり、洗う役割のほか、保湿、乳化など、さまざまな場面で使われています。強すぎる界面活性剤を使うと、汚れだけでなく皮膚のうるおいを奪うので肌荒れを招きますが、適度な界面活性剤は生活のために不可欠です。

天然にも界面活性剤は存在します。たとえば卵黄に含まれる「レシチン」も界面活性剤の一種でマヨネーズを乳化するときに使われます。人間の皮膚の表面にも、天然の界面活性剤が存在し、水分と油分を混ぜ合わせて皮膚表面を保湿していることが知られています。

「界面活性剤＝悪いもの」というような情報がネットなどによく書かれていますが、それは極論で、界面活性剤がないと、汚れを落とすことができなくなります。

シャンプーに含まれる界面活性剤

シャンプーの30～40％は、汚れを落とすための「界面活性剤」でできています。

シャンプーに使われる界面活性剤には【図7】のようなものがあります。「**硫酸系**」がもっとも広く使われていますが、エイジングヘアやヘアカラー後のダメージヘアなどに対応する多様な界面活性剤が生まれています。

「硫酸系は悪い」とはかぎらない

「硫酸系の界面活性剤を含むシャンプーは強いから、髪にも肌にも悪い」とネットなどによく書かれています。しかし、成分表示を見て「硫酸」の文字があるものは強いから使わないほうがいいというのは極論です。

シャンプーの界面活性剤は通常、数種類がブレンドされていて、さらにそこに保湿成分なども加わって、**全体のバランスで「肌や髪にやさしいかどうか」が決まります**。

硫酸系は、少量でも汚れが落ちて、泡立ちも泡切れもよいというメリットがあるので、悪いともいいきれません。頭皮は人体でもっとも皮脂が多く、整髪料などをつけることもあるので、シャンプーにはある程度の洗浄力が求められます。

たとえば、アルコール度数の強いお酒と弱いお酒のどちらが体に悪いかは、水などで割るかどうか、また、どのくらいの量を飲むかによりますね。弱いお酒でもたくさん飲めば、当然、体に負担をかけます。

シャンプーも、弱いものを使えば、泡立ちが悪いうえに汚れも落ちにくいため、つい物足りなく感じて大量のシャンプーをつけてしまう、ゴシゴシと強く洗ってしまうということもあります。つまり、弱いものを使えばよいともいえないのです。

頭皮の乾燥やダメージヘアに悩む人は、硫酸系ではなく「アミノ酸系」や「ベタイン系」を主体としたもののほうがよいでしょう。しかし、ある程度しっかり洗いたい人や、頭皮にトラブルがない人が、無理に硫酸系を避ける必要はありません。

マイルドなアミノ酸系。ただし表示に注意

アミノ酸系界面活性剤は、洗浄力がおだやかですが、日本では「何がアミノ酸シャンプーか」という決まりごとはないため、硫酸系を含んでいても「アミノ酸シャンプー」と表示することは可能です。購入時は成分を確認して。

「石鹸素地」「純石鹸」はやさしいイメージだけどアルカリ性

石鹸《せっけん》の原料として知られる「石鹸素地《そじ》」は、「高級脂肪酸」もしくは「油脂」に「アルカリ」（「水酸化ナトリウム」もしくは「水酸化カリウム」）を作用させて作られる、一種の「アニオン系（陰イオン系）」界面活性剤です。石鹸やボディソープの原料として使われます。

ただし、市販の石鹸のすべてがこの石鹸素地から作られているわけではなく、合成界面活性剤から作られるものもあります。合成界面活性剤を含まず、**石鹸素地だけを洗浄成分としている石鹸を「純石鹸」といいます**。

石鹸素地はpH《ピーエイチ》「10」〜「11」のアルカリを示すので、これをもとに作られた洗浄剤はアルカリ性になります。

「石鹸素地」「純石鹸」というと天然に近くてやさしいイメージがありますが、**アルカリであり、洗浄力もある程度あるので、必ず肌によいとはいいきれません**。

市販のボディ用洗浄料にも「石鹸素地100％」などのものもありますが、保湿成分を含まないので、乾燥肌や敏感肌の人にはあまりおすすめできません。アミノ酸系の界面活性剤で作られたもののほうが、洗浄力はおだやかで、乾燥肌には適していることもあります。

column

pH《ピーエイチ》とは

「pH」とは、「酸性」「アルカリ性」を表す数字で、pH「0」〜「14」の数字で表されます。pH「7」が「中性」で、数字が小さいほど「酸性」、大きいほど「アルカリ性」となります。髪がもっとも安定するのはpH「4.5」〜「5.5」の「弱酸性」。このとき髪のタンパクの構造が化学的にもっとも安定になります（この領域を髪の「**等電点**」という）。

等電点よりアルカリになると、タンパクの構造が変わってキューティクルが開いてしまい、中のタンパク質が溶け出します。反対に、酸性になると、髪はかたくひきしまります。

日本で売られているシャンプーのpHは、基本的に「中性」から「弱酸性」です。石鹸《せっけん》系のシャンプーのみ「アルカリ性」になります。

パーマ剤はpH「8」〜「10」、一般的なヘアカラー剤（「永久染毛剤」という種類）はpH「9」〜「11」程度。パーマやヘアカラーの施術のときは髪をいったんアルカリにするので、最後に「弱酸性」のコンディショナーなどでpHを戻す必要があります。

図8 ヘアケア製品のpH

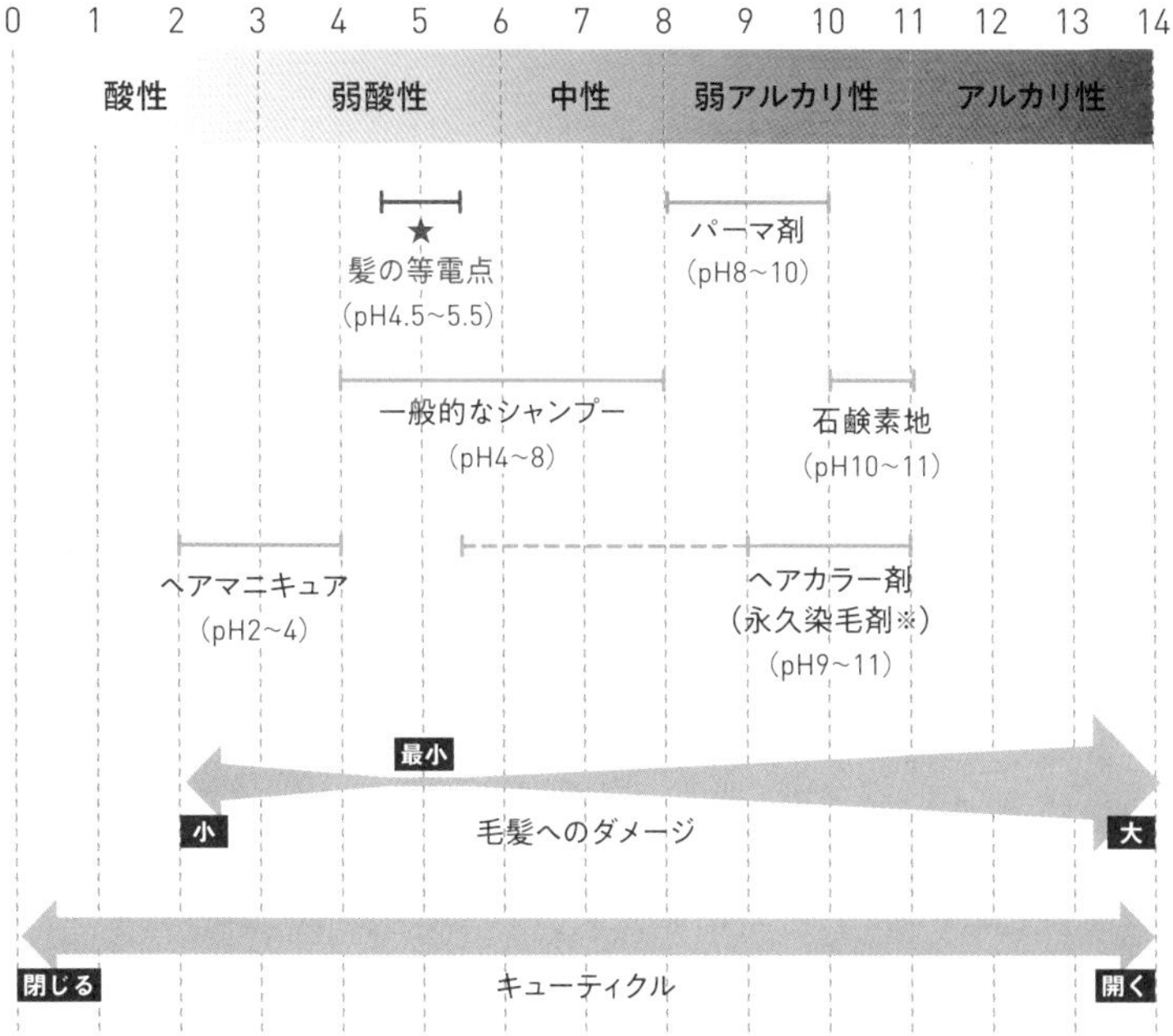

※一般的なヘアカラー剤(永久染毛剤)はアルカリ性が主流だが、最近は弱酸性のものも使われている。詳しくはP.175【図14】参照。

安いシャンプーとサロン専売の高級シャンプー、どう違う？

「安物のシャンプー」は有害か

以下のようなコメントをネットでよく見かけます。

「安物は悪い、ドラッグストアのシャンプーはほとんどが有害なものを含んでいる、だからサロンで売られるシャンプーにするべきだ」

たしかに、ドラッグストアで売られるシャンプーの中心価格帯は、ポンプタイプ（約５００㎖）でも１０００円以下で、美容室で売られるサロン専売シャンプーは、ボトル（３００㎖前後）で２０００円ほどと高めです。

では、ドラッグストアで売られるものは「安物」で「髪にも肌にも悪い粗悪品」なのでしょうか？　界面活性剤だけを見れば、「硫酸系」のもののほうが原料費は安く、「アミノ酸系」のものはコストがかかります。しかし、それだけでシャンプーの質や

値段が決まるわけではありません

シャンプーの質は、「界面活性剤」と「保湿成分」と「pH」とが複雑に働きあって決まります。「硫酸系を使っているから粗悪品、使っていないから髪によい」というほど単純ではありません。

また、シャンプーや化粧品の値段は、**材料費だけで決まるものでもありません**。

生産コストに大きく影響するものに、「ロット」（生産数）があります。

どんなものでも、たくさん作ればコストをおさえることができるし、少ししか作らないものは効率が悪いので、コストがかかってきます。たとえば印刷物なども、たくさん発注するほど1枚あたりの値段は安くなりますが、それと同じです。

大手の化粧品会社が、何百万という大量のロットで作って日本中のドラッグストアで売っているものは、生産も流通も効率がよいので、製造原価が安くなります。

サロン専売品などは、それに比べれば製造される本数が少ないので、どうしても値段が高めになります（あまり安くするとサロンのイメージも安っぽくなる、という事情もあるでしょう）。

サロン専売品は「髪をいたわる」、ドラッグストアは「多種多様」

このように、シャンプーの値段は中身だけで決まるわけではないので、**単純に値段で良し悪しを比較することは間違い**だとわかります。

もちろんサロン専売品は、プロがすすめるものなので、ある程度以上のレベルは保たれています。基本的に**カラーやパーマによるダメージをケアし、それらのもちをよくする処方**になっています。

一方、ドラッグストアのシャンプーは多種多様です。選ぶ側のニーズもさまざまです。誰しもがカラーをしているわけではないですし、髪にとくにこだわりのない男性などは、「安ければよい」という人もいるでしょう。また、髪のための保湿成分を多く配合したシャンプーは、人によってはすすいだときにヌルヌルした感じが残るといって、好まないこともあります。脂性肌の人は、メントールなどの清涼感のあるシャンプーを好む人もいます。

そういう幅広い消費者ニーズにこたえるのが、ドラッグストアなのです。したがってシャンプーを選ぶ際には、ある程度成分を見て選ぶか、使ってみて使用感をよく吟味する必要があります（最近ではお試しサイズを販売している商品もあります）。

自分で選ぶ自信がない人は、美容師さんにすすめてもらって購入するのもひとつの方法です。ただし、**サロン専売品は、種類が少ないのが難点**です。サロンですすめられたからといって、自分の髪にベストであるとはかぎりません。

サロンによっては、「ノンシリコーン」や「オーガニック」にこだわった商品をすすめるケースもあり、それが自分の髪に合わないということもあります。自分にぴったりのものがサロンにない場合は、**ネットも含めていろいろと探してみましょう**。


大切な髪のための大切なシャンプーを選ぶ際、大事なのは**「科学的にきちんと考えること」と、「妥協しないこと」**です。「自然派」などのイメージやきれいなパッケージだけにつられて選ばず、きちんと科学的に考える目をもつこと。また安易に妥協せず、洗い上がりをよく見て、納得するものに出会うまで探し続けることです。

どれだけプロに相談しても、ネットの口コミを見ても、最終的には使ってみないと、髪に合う合わないはわかりません。**日々のシャンプーが髪に与える影響はとても大きなもの**。サロン任せにせず、自分の髪と向き合いましょう。

シャンプー

正しいシャンプーの仕方は？

髪にダメージを与えない洗い方

頭頂部や顔まわりの髪は、摩擦《まさつ》や紫外線を受けて傷みやすいので、傷みの少ない後頭部から洗うことで、シャンプー時のダメージをおさえます。

①髪が長い人は、まず、ブラシで「もつれ」をほどく（毛先からやさしく）。髪がからんでほどけないときは、ウォーター系のスタイリング剤などを少しつけてからブラッシングするとよい。

②ぬるま湯を後頭部からかけてすすぐ。湯温はお風呂より少しぬるめ（38～39度くらい）。整髪料がつい

ている人はこの段階である程度落とす。

③シャンプーを手にとって湯を足して泡立て、後頭部からつける。

④地肌を指でマッサージするように洗いながら、全体に広げていく。耳の上や生え際は、洗い残しやすいので注意。頭頂部を集中的に洗う人が多いが、全体を均等に洗うこと。洗う時間は2、3分で十分（長すぎると髪や頭皮が乾燥する）。地肌だけを洗うような気持ちで洗う。毛先の汚れは、流れた泡で十分にとれる。

⑤後頭部からぬるま湯ですすぐ。すすぎ残しに注意。汚れが激しくて泡立ちが悪い場合は、少量のシャンプーで二度洗いする。

⑥コンディショナーは、頭皮にあまりつけないように、毛先を中心につける。頭を起こしたときに表面になる部分（紫外線などを受ける部分）の髪が傷みやすいので、そちらに重点的にコンディショナーをつける。毛束の中までしっかりと（製品によって、ここで放置時間が必要な場合はその時間をとる）。

⑦ぬるま湯を後頭部からかけてよくすすぐ。シャワー

の湯を手のひらにすくってそこに毛先をつけて泳がせるようにすると、毛束の中もしっかりすすぐことができる。すすいでも、必要なコンディショニング成分は髪に吸着していて、流れてしまうことはないので、効果が下がる心配はない。

ここで額やうなじ、耳まわりを石鹸《せっけん》で軽く洗う（すすぎのときにどうしてもコンディショナーがつき、湯で流しただけでは落ちないので）。頭頂部からシャワーをかけて流す人は、背中や胸にも流れたコンディショナーが付着するので、最後に体を洗う。

⑧軽く水けをとって、タオルかヘアターバン、シャワーキャップなどで髪を包む。

全工程において、髪どうしをこすり合わせないように注意。

お湯だけで髪をすすぐ「湯シャン」のすすめ

最近、シャンプーの回数を減らしてお湯だけですすぐ、通称「湯シャン」をする人が増えています。**シャンプーする頻度を減らせば、髪への負担を減らすことができます。**

シャンプー洗いを2～3日に1回に減らして、シャンプーをしない日にべたつきやかゆみが気になれば、お湯だけですすぎます。皮脂汚れは38度以上で溶けて流れ落ちていくので、お湯だけでも汚れの80％は落ちます。

かなりの脂性肌の人や、ワックスやオイルをたくさんつけている人は、毎日洗ったほうがよいでしょう。そうでない場合は、湯シャンをうまく取り入れることで、シャンプーの頻度を落としてみましょう。

洗うときにはどうしても髪同士がこすれあうのでキューティクルが傷みます。また、どんなに髪にやさしいシャンプーでも完全なノーダメージということはありません。

髪のためには、洗う回数は少ないほうがベターです。ロングヘアの場合、毛先の髪は、生えてから2〜3年たっています。3年間毎日洗えば「365×3＝1095回」洗ったことになります。これを半分にできれば、髪のダメージも大きく減ります。洋服でも、何度も洗濯すれば、毛羽立って傷んできます。髪も同じことが言えるのです。

「地肌に汚れを残すと毛穴につまって薄毛になるから、毎日洗ったほうがよい」という話がありますが、それは俗説です。洗わないために髪が抜けることはありません。

コンディショニング成分、どう見る？ どう選ぶ？

コンディショニング成分いろいろ

髪のコンディションを整えるためにシャンプーやリンス、トリートメントなどに配合される成分を「コンディショニング成分」といいます。

【図9】のようなものが使われています。

コンディショナーやリンスは、髪の「表面」をコーティングするもの

「コンディショナー」は、シャンプーしたあとに、髪の表面をコーティングしてすべりをよくし、からみや静電気などを防ぐもの。**「リンス」**もほぼ同じ意味です。

「カチオン系」という、プラスの性質をもつ界面活性剤を主成分として、そこにさら

に**「油分」や「シリコーン」などの保湿成分**が配合されています。髪の表面は電気的にマイナスの性質をもつので、そこにプラスのイオンを結合させ、コーティングする仕組みです。

「ヘアトリートメント」や「ヘアパック」とよばれるものは、一般に、コンディショナーよりももう一段、髪の補修効果を高めたものです。**タンパク質を髪の内部まで届けるなどの効果**をもち、ダメージを修復することを目的としています。

ただし、これらとリンスとの間に明確な違いがあるわけではなく、メーカーによって成分には幅があります。

なお最近では、シャンプーのなかにも「カチオン系」界面活性剤などのコンディショニング成分を配合して、すすぎのときに髪をコーティングしてきしみを防ぐ工夫がされています。このような技術を「コアセルベーション」といいます。

カチオン系（陽イオン性）界面活性剤（髪をコーティングして守る）

「界面活性剤」という名前がついているが、カチオン系には洗浄・乳化などの作用はほとんどなく、化粧品ではおもに「ヘアコンディショナー」「整髪料」として使われる。電気的に「プラス」の性質をもつため、髪の表面の「マイナスイオン」に吸着して髪をコーティングし、静電気やからみを防ぐ。衣類の柔軟剤にも使われる。

表示名
「塩化アルキルトリメチルアンモニウム」
「塩化ジアシルメチルアンモニウム」
など

シリコーン（しっとりつややかに髪をコーティング）

ケイ素を含む鉱石から作られた、オイルのような感触のもので、肌表面をおおって保護する作用がある。オイルよりもさらっとして使用感がよいので、ヘアケアには好都合。髪の表面に皮膜を作ってすべりをよくし、からみを防ぐ。「シリコーンなしでは美髪は難しい」といわれるくらい、ヘアケアには重要な成分。シリコーンの皮膜は水をはじく性質もあるので、ウォータープルーフの日焼け止めやファンデーションにも配合されている。ちょっと変わった使い方では、お腹にガスがたまったときにそれを抜くための飲み薬としても。

表示名
「ジメチコン」
「ジメチルポリシロキサン」
など

「シリコーン」と「シリコン」はよく混同されるが、厳密には別の物。シリコンはほぼ「ケイ素」そのままで、おもに半導体に利用される。シリコンを加工して作られたものがシリコーンである。

図9 コンディショニング成分の種類

油分（髪と地肌にしっとりうるおい）

「ヒマシ油」「ヤシ油」「パーム油」「オリーブ油」「スクワラン」など。その他、「高級（＝高分子）アルコール」などの、油分と似た働きをする成分も使われている。

PPT《ポリペプチド》（使い続けることで内部を補修）

タンパク質を分解して分子を小さくしたもので、髪の内部に浸透して補修する。髪をつややかに手触りよくするというよりは、髪を丈夫にして、コシを持たせ、スタイルを維持する効果がある。

美容室では、パーマの効果を高めるためにこのペプチドを使用したトリートメントをおこなうところもある。ただし「水溶性」のものであり、髪の内部で完全に結合するわけではないので、洗うと流れてしまう。したがって持続性はなく、使い続けることで効果を維持するものになる。

「髪のケラチンと同じ成分」などと聞くと、傷んだ髪をなおしてくれる特別な成分のように聞こえるが、失われた髪のタンパクのかわりになるわけではない。原料は「羊毛ケラチン」「豚の骨由来のコラーゲン」「コメ・大豆・シルク由来の成分」などが使われる。

表示名
「加水分解ケラチン」
「加水分解コラーゲン」
など

植物エキス（やさしい自然の美髪成分）

ローズマリーエキス、カミツレエキスなど、無数の植物エキスがシャンプーやリンスに配合されている。これらは自然の美髪効果をねらうものである。

シリコーンは有害か

シャンプー、リンス、トリートメント、ワックスなど、あらゆるヘアケア製品に**「シリコーン」**が広く使われています。髪を保護してつやを与えるのに、シリコーンはもっとも適しているためです。

しかし、一方で、シリコーンを警戒する人が増えています。シリコーンに関する悪いうわさが流れ、その結果、**「ノンシリコーンシャンプー」**なども売られるようになりました。しかし、誰しもがノンシリコーンのものを使うべきだとするのは極論です。

シリコーンにまつわるうわさを検証してみましょう。

うわさ1 シリコーンが毛穴につまって薄毛の原因になる？

大手化粧品会社（花王）が検証したデータがありますが、**シリコーン入りのシャンプーやヘアケア製品を使っても、毛穴にはつまらない**ことがわかっています（※）。

まず、毛穴の中からは、常に皮脂がわき出しています。こんこんとわき出る泉のようなものです。そこを逆流して、外からものがつまるということは、ありません。

ヘアケア製品にはシリコーンやその他さまざまなコンディショニング成分が使われていますが、それらが、わき出る皮脂にさからって毛穴の中に入り込むことはありません。したがって、**シリコーンを使って薄毛になることはありません。**シリコーンは髪をコーティングし、地肌の表面にも付着しますが、洗うたびに落ちていきますし、残ったとしても「あか」と一緒にはがれていきます。

※参考：『改訂新版：ヘアケアってなに？』繊維応用技術研究会編、花王株式会社ヘアケア研究所著、繊維社、2019

うわさ2 シリコーンのせいでパーマやヘアカラーの効き目が悪くなる？

これは程度問題です。シリコーンは髪をコーティングするので、あまりにたくさんシリコーンがついていると、パーマやカラー剤の浸透が悪くなることはあるようです。しかし、普通に売られているシャンプーに含まれるシリコーン程度では、さほど影響はありません。

ワックスやムースなどのヘアスタイリング剤には多量のシリコーンを含むものもあり、一度洗ったくらいでは落ちないこともあります。そういうものを使っている人が**パーマやカラーを受けたい場合は、1週間くらい前からスタイリング剤の使用を中止**

しましょう。何度か洗ううちにシリコーンは落ちていきます。

うわさ3 シリコーンで髪や地肌が呼吸できなくなる？

シリコーンが髪や地肌を真空パックのようにおおいつくすように思う人がいるようですが、シリコーンのコーティング力はそこまで強いものではありません。髪はそもそも死んだ組織なのでまったく呼吸しておらず、地肌もほとんど呼吸していません。

シリコーンは、日焼け止め下地やハンドクリームなど、身の周りの化粧品に使われており、普段、気づかないうちに多くの人が使っています。

うわさ4 シリコーンは化学合成品であり、人体に対して有害である。

シリコーンの安全性に関しては、欧州委員会（EC）の消費者安全科学委員会（SCCS）が、2010年に、化粧品として使用しても人体には安全であると報告しています（※）。「シリコーンは化学物質だから怖い」という話がよくありますが、そもそもシャンプーも化粧品も、すべて化学物質です。純石鹸《せっけん》でも、化学合成された一種の界面活性剤です。

天然物だけでスキンケアやヘアケアをするのは、とても難しいことです。うぐいすの糞《ふん》で髪や顔を洗い、天然100％の椿油やオリーブ油だけをつけるというようなケアが、本当の「自然のケア」になります。

もちろん、科学は万全ではありません。化学物質による公害や、薬剤の副作用などは、人類の歴史のなかで何度も繰り返されてきました。しかしそういうことがあったからといって、「化学物質がすべて悪い」と決めつけるのも極論すぎます。発売されて何十年もたっており、安全性も検証されたものを、強く警戒する必要はないでしょう。

髪をしっとりさせたくない人は、ノンシリコーンのシャンプーを使うとよい場合があります。髪が太くてあまり乾燥していない人（男性など）、もしくは反対に細毛でダメージはなく、ペタッとつぶれやすいという人です。

※参考：European Commission Scientific Committee on Consumer Safety（EC SCCS）Opinion on Cyclomethicone Octamethylcyclotetrassoxane（Cyclotetrasiloxane,D4）and Decamethylcyclopentasiloxane（Cyclopentasiloxane,D5）,SCCS 7th plenary meetisng,22 Jnue 2010

髪をいたわりたい人のシャンプー選びは？

シャンプーの成分表示は、ここを見る

最近ダメージが気になる、エイジングで髪が弱くなってきたみたい……。

そんなとき、髪をいたわるシャンプーを使いたいと思いますね。

髪にやさしいシャンプーはどう選んだらよいのでしょう。

界面活性剤の種類でいうと、先ほど述べたように「アミノ酸系」や「ベタイン系」はおだやかです。ただし、1種類の洗浄成分だけで作られたシャンプーというものはほとんどなく、大半のものはブレンドされています。また、界面活性剤の種類は無数にあるので、表示を見てもわかりづらいことが多いようです。

先述した界面活性剤の名称を参考に、**「ココイル」や「ベタイン」などの名称が上のほうに書かれていれば、髪をいたわる処方である**というひとつの目安になります（成

分表示では濃度の高いものから順に記載されています）。

「医薬部外品」は成分表示の義務はないので、いわゆる「薬用シャンプー」に関しては、成分はわかりません。

pHについていうと、「弱酸性」のものがダメージヘアにはやさしいといえます。

ただし、これらの条件は、あくまでも目安です。

シャンプーには「油分」などの保湿成分も配合されていて、すすぎのときに髪をダメージから守るよう設計されています。保湿成分の種類も成分表示に記載されていますが、濃度はわからないし、同じ濃度でも製法によって効果が変わってきます。

シャンプーは、成分全体の微妙なバランスによって髪へのやさしさが決まるので、最終的には使ってみないと自分の髪に合うかはわかりません。

食べ物の原材料表示を見て、ある程度内容の想像はつきますが、最終的に口に合うかは食べてみないとわからないというのと同じです。

肌にやさしいシャンプーが、髪にもやさしいとはかぎらない

髪は皮膚の一部が変化してできたもので、髪と皮膚の基本構造は、よく似ています。

しかし、肌によいものと髪によいものは違います。

たとえば洗顔であれば、肌に余分なものを残さないのがやさしい洗顔料です。しかしシャンプーの場合は、すすいだときに保湿成分が髪に残ってコーティングするようにできています。何も残さないシャンプーだと、髪がぎしぎしとからまって、枝毛の原因になります。

つまり、**肌を洗う場合は何も残さないほうがよいですが、髪を洗う場合はコーティング成分が「残る」ほうがよい**といえます。

髪に「残る」というと怖いと思うかもしれませんが、髪は生きた組織ではないので、残ったものが髪をおおっても、それで髪がかぶれたり窒息したりするなどという心配はありません。現に、みなさんはヘアオイルや洗い流さないトリートメントなどをつけていますが、それらも髪に残ってこそ意味があります。

しかし、**髪に「残る」成分は頭皮にも付着する**ので、あまり残りすぎると、頭皮

がかぶれる原因になります。**敏感肌で、頭皮や生え際がかゆくなりやすい人**は（P.101「接触性皮膚炎」参照）、**無添加シャンプーや敏感肌用のシャンプー**を使いましょう。それらのシャンプーは、コーティング剤が少ないので、若干、パサついた洗い上がりになるものが多いです。パサつきが気になる人は、毛先にオイルなどをつけて保護しましょう。オイルも無添加のものが安心です（※）。

とくに敏感肌ではない人が、髪によいと思って無添加シャンプーを使っているケースがあります。それは、あまりメリットはなく、かえって髪がパサつく可能性があるので、シャンプーを見直したほうがよいでしょう。

※最近売られているヘアオイルは、べたつきをおさえるために、油以外に界面活性剤なども配合されています。それらが皮膚につくと、敏感肌の人では肌荒れの原因になることがあります。敏感肌の人は、薬局で売られている１００％のオリーブ油（料理用ではなく精製されていてにおいのないオリーブ油）や昔からある１００％の椿油を使うほうが安心です。

column

「石油由来」と「植物由来」

ネット上では、「石油由来」の成分がよくやり玉に挙げられます。

たしかに「石油由来」と聞くと、恐ろしい響きがあります。しかし最近では、「パーム油」などの安い植物油が輸入されるようになり、**石油はシャンプーや化粧品の原料としてほとんど使われなくなりました。**

「硫酸系（アニオン系）界面活性剤は石油由来だ」とネットに書かれていることがありますが、それは間違いで、**硫酸系も、植物性の油脂を原料としています。**

植物油問題は、じつは、人体への影響と環境面とで、世界中で問題視されています。

とくに、「アブラヤシ」という熱帯植物から摂れるパーム油が大問題になっています。パーム油は、安価で加工しやすいため、食品、化粧品などに急速にシェアを広げています（食品の成分表示で「植物油」と書かれたものはパーム油を含むものがほとんどです）。パーム油で作った菓子などはさっくりと口当たりがよく、時間がたっても油くさくなりません。アイスクリームなどにパーム油を加えると、クリーミーに口どけがよくなります。しかし、動物実験では大腸がんや糖尿病のリスクが上がることが報告されており、米国農務省ＵＳＤＡも警鐘を鳴らしています。

日本人は、油そのものをあまりたくさん摂らないので、政府は現状、パーム油を制限する必要がないとしていますが、摂らないにこしたことはありません（もちろん、植物油を化粧品として使うときには、食べるわけではないので、上記のような有害作用は起こりません）。

またもうひとつ問題なのが、環境破壊です。パーム油を製造するために、熱帯諸国で森林を伐採してどんどんアブラヤシの畑が作られており、これが地球温暖化や野生動物の絶滅の危機を招く一因となっています。

近年、「エボラ出血熱」などのウィルス性疾患が、コウモリから家畜などを経て人間に感染したという説がありますが、そこにもじつはパーム油問題がひそんでいます。パーム油製造のために森林を破壊すると、コウモリの住むところがなくなり、人里にコウモリが飛来するようになります。そこで家畜や人と接することが多くなり、コウモリがもっていたウィルスがまき散らされた可能性があるのです。

私たちの便利な生活のすべてが環境破壊につながっていることは、ご存じのとおりです。しかし、なかでもパーム油が大問題になっていることは、知らない人が多いのではないでしょうか。「植物油」というやさしい響きの裏に、このような現実があるのです。このパーム油問題を改善するために、環境保護に投資する企業なども出てきていますがまだ解決にはいたりません。

現実を知ったうえで、一人ひとりが、少しでも環境に配慮した行動をとることが大切です。消費者の選択は、積もり積もって環境に影響を与えています。

「オーガニック」「無添加」…違いは何？

❶「オーガニックシャンプー」の成分には、ばらつきがある

最近、人気を集めるオーガニックシャンプー。ピュアなイメージや香りを楽しむために使うのはよいことですし、リラクゼーション効果もあるでしょう。

ただし、髪のダメージを防ぐ効果が期待できるかというと、一概にそうとはいえません。

そもそも**日本には、何を「オーガニックシャンプー」と表示してよいかという決まり事がありません**。食品の場合はオーガニックや有機と表示されたものは、一定の基準をクリアしていますが、化粧品に関しては、明確な基準がありません。

もちろんオーガニックの成分を微量しか含まない化粧品やシャンプーを「オーガニック」と表示することはＮＧ。消費者に過大な期待を与える表記つまり「優良誤認」

の表記とみなされます。

では、何%以上オーガニック成分を含んでいれば、オーガニックシャンプーと表示してよいのでしょう。

じつはそのような決まりごとは、日本にはありません（※）。

つまり、オーガニックシャンプーと書かれていても、どのくらいオーガニック成分を含んでいるかは、ものによってばらつきがあります。またオーガニックの表示があるからといって化学的な成分を含んでいないというわけではありません。

※欧米にはオーガニック化粧品の厳しい基準を設けている国もあり、それらの国から日本に輸入された化粧品やシャンプーには、オーガニック成分の濃度が高いものもあります。

オーガニックの効果とは

オーガニックシャンプーは、髪にどのような効果があるのでしょう。

オーガニック成分は、「何年間も農薬や化学肥料を使わない土地で育てられた植物」から抽出されます。それらは農産物で、本来は食べたりハーブティとして利用したりするものなので、髪に使ったときにどういう効果があるか、明確に説明できるものではありません。

「エッセンシャルオイル」（精油）を用いて体の不調を治す「アロマセラピー」もありますが、それは皮膚から体に吸収させるものです。髪は生きた組織ではないので、それと同じ効果を期待することはできません。

もちろんいくつかの植物エキスに美髪効果があることなどはわかってきていますが、いずれの作用もおだやかなものです。深刻なダメージヘアで悩んでいる人、髪質を変えたいと本気で思っている人が、オーガニックシャンプーで満足な結果を得ることは難しいかもしれません。

オーガニックシャンプーのほうが、肌に対して安全か

食べるものは自然に近いほうがよいですが、肌につけるものの場合、化学物質のほうがアレルギーを起こしません。自然のものは成分が複雑で、化学物質は精製されていてシンプルだからです。

つまり**化粧品やシャンプーなど肌に触れるものの場合は、植物エキスはかえってか**

ぶれを起こしやすいものといえます。

もちろん化学物質にも有害なものもありますが、シャンプーもコンディショナーも市販の化粧品も、一定の安全基準はクリアしています。

これらの理由から皮膚科医は、アトピー性皮膚炎など敏感肌の人には、オーガニックの化粧品やシャンプーをすすめません。**「オーガニック」と「敏感肌用」は違います**。配合されている成分がシンプルで種類も少ないものが、敏感肌用といえるものです。

オーガニックシャンプーの取り入れ方

もちろん、オーガニックシャンプーがよくないということではありません。オーガニックの自然な雰囲気や香りには、とてもよい癒し効果があります。重度のダメージヘアの人でなければ、美髪効果も期待できるでしょう。

オーガニックということの意味を知ったうえで、どれを楽しむかは自由です。

❷敏感肌の人向けの「無添加シャンプー」

「無添加」の表示があるシャンプーは、おもに敏感肌の人が使うために、香料などの余分なものをのぞいて、シンプルな処方にしてあるものが多いようです。

それらの多くは、洗浄力や泡立ちもおさえめで、肌にやさしい成分を中心に作られています。「アトピー性皮膚炎」などがあって、額やうなじにかゆみがある人は、これらを利用するとよいでしょう。ただし、**何を「無添加」とよぶかについての決まりごとも日本にはない**ので、内容にはかなりばらつきがあります（シャンプーだけでなく「無添加コスメ」も同様です）。

また、美髪効果があるかは、また別の問題。無添加シャンプーは髪をコーティングするような成分もあまり含んでいないものが多いので、きしみやダメージが気になる人には向かない場合もあります。

❸やさしい響きで人気の「アミノ酸系シャンプー」

「アミノ酸系」界面活性剤は、洗浄力がおだやかで肌にも髪にもやさしいのが特徴です。ただし問題は、日本では**ここにも明確な規則がない**ということです。つまり、アミノ酸系の界面活性剤を主体としていなくても、「アミノ酸系」という名前をつけることができます。たとえば「硫酸系」界面活性剤と「アミノ酸系」界面活性剤の両方を含んでいても「アミノ酸系シャンプー」と表示されている場合もあります。

アミノ酸系界面活性剤は粘度がないので、それを主体としたシャンプーであれば、水のようにさらっとした質感になります。

❹「ベビー用シャンプー」は目にしみない処方のものが多い

「ベビー用」とうたうものは、目に入ってもしみないように「ベタイン系」(両イオン性)界面活性剤を配合したものが多いようです。保湿成分も含むものから、あまりそういうものを含まずシンプルな処方にしてあるものなど、ベビー用にも幅があります。すすいだあとにしっとり感が残るものは、保湿成分が入っています。

赤ちゃんの肌質にはかなり幅があり、脂性ぎみの赤ちゃんもいれば乾燥ぎみの子もいます。赤ちゃんの肌の状態に合わせて選びましょう。

また、ベビー用シャンプーには全身洗えるものが多いですが、「頭が脂性で体が乾燥肌」というお子さんもいます。そういう場合は違うもので洗い分ける、もしくは頭だけ毎日洗って体はお湯ですすぐだけにすることも一案です。首や股の蒸れるところをしっかりお湯ですすげば、あせもやおむつかぶれを防ぐには十分です。

ベビー用シャンプーや石鹸《せっけん》で体を洗うのは、2、3日に一度でも十分です。洗ったあとの保湿は、腕や脚を中心に、乾燥する部分にワセリンなどを塗りましょう（乾燥する部分だけで十分です）。


なお、大人がベビー用を使うメリットはあまりありません。ベビー用シャンプーには、肌にやさしいというイメージがあるかもしれませんが、赤ちゃんは髪が短く、ヘアカラーなどもしないため、ダメージヘアにはなりません。そのためベビー用にはあまりコンディショニング成分が使われていません。

大人で敏感肌の人は、ベビー用でなく敏感肌用シャンプーを使いましょう。

❺サロン専売シャンプーは品質にこだわりあり

「サロン専売」のシャンプーやヘアケア製品があります。ドラッグストアやネット上では売られておらず、美容室だけで販売されているもので、美容室によって、扱う商品が違います。これらのサロン専売品は、**ドラッグストアで売られているもの**とどう違うのでしょう。

まずはパーマやカラーのダメージから髪を守り、それらのもちをよくするように作られているという特徴があります。髪への意識が高い人に向けたものなので、多少コストがかかっても贅沢な成分を配合したものが多いようです。プロがすすめるものなので、品質にはこだわりがあります。

ただし、プロだけが扱えるような特殊な成分が入っているというわけではありません。サロン専売つまりドラッグストアで販売しないというのは「シャンプーの製造元とサロンとの間での取り決め」であり、法的に美容室以外で扱えない成分を含んでいるということではありません。
ドラッグストアでうまく選べない人でも、自分の髪の悩みをよく知っている美容師さんが推薦してくれるヘアケア製品には、とても安心できるでしょう。ただし前述したように、必ずしも髪に合うとはかぎりません。使ってみないとわからない部分はどうしてもあることを知っておきましょう。

column

「化粧品」と「医薬部外品」

「化粧品」と「医薬部外品」を比べたら、「医薬部外品のほうが効く」というイメージをもつ人が多いでしょう。しかし実際には、必ずしもそうとはいえません。

「化粧品」は人体への作用がおだやかなものを指し、宣伝文句として効果効能をうたうことはできません。たとえば化粧品では、「肌をすこやかに整える」という表現はＯＫですが「肌荒れを治す」という宣伝文句はＮＧ。「シミを防ぐ」などという言葉も、化粧品では使うことはできません。

これに対して**「医薬部外品」は、定められた成分を配合することにより、定められた効能を表示できます**。たとえば「ビタミンＣ誘導体」をある程度の濃度で配合した化粧水は、「シミを防ぐ」

という効能をうたうことが認められています。

こう聞くと「医薬部外品のほうが効く」と思う人が多いでしょう。しかしじつは、一概にそうとはいえません。医薬部外品は「有効成分をある濃度以上含まなければならない」という決まりがありますが、それ以外の条件も厳しくなっています。ほかに一緒に配合してよい成分やその濃度にも規制があるので、あまり自由に設計することはできなくなっています。

これに対し化粧品は、原則的に配合成分の組み合わせも濃度も自由です。もちろん、国が定めた「人体に対して危険であるため使用できない成分」というものはありますが、そのリストにないものは、自由に使用できることになっています。ただしそこには、メーカーとしての、安全性に対する根拠が必要。つまり、メーカーの自己責任です。

たとえばシミ用の化粧品でも、医薬部外品よりも高濃度のビタミンCを含む化粧品もありますが、パッケージを見ても見分けはつきません。

つまり**化粧品よりも医薬部外品のほうが効果が高いとは一概にいえません。**

医薬部外品には成分の表示義務がなく、化粧品は全成分表示が義務付けられています。濃度の表示義務はなく、濃度が高いものから順に表示することとなっています。

3章

頭皮のトラブルを防いで健康的な地肌に

ちゃんと洗っているのにかゆいのは、どうして？

頭皮のかゆみの原因はさまざま

頭皮にかゆみを感じる人は、珍しくありません。季節やストレスで悪化する人もいます。かゆみの原因を知って正しく対処しましょう。

●原因①……もっとも多いのは「脂漏性《しろうせい》皮膚炎（脂漏性湿疹）」

脂漏性皮膚炎の人の多くは**地肌が赤みをおびています**が、軽症の場合はあまり赤くないこともあります。ひどくなれば、**「フケ」が出たり、爪でかきたくなるほどの強いかゆみをもよおしたり**します。

頭皮全体に症状が出る人と、生え際など、部分的にしか出ない人とがいます。

また、秋冬に悪化するケースが多いのですが、人によっては一年中症状が出ます。

脂漏性皮膚炎は、表皮の免疫バランスがくずれ、雑菌が繁殖して炎症を起こしたものです。頭皮だけでなく、胸や背中の皮脂が多い部分のほか、わきの下・陰部などの毛が生える部分にもできます。

脂漏性皮膚炎は、必ずしも脂性肌の人に出るとはかぎりません。脂性の人の脂漏性皮膚炎では、脂っぽくべたっとした大きめのフケが出て、乾燥肌の人の場合は、粉のようなパサパサとしたフケが出ます。

脂漏性皮膚炎が悪化して深くなり、炎症が毛根《もうこん》にまで達すると、**一時的に髪が薄くなることがあります**（Ｐ．151「ひ糠《こう》性脱毛・脂漏性脱毛」参照）。

脂漏性皮膚炎の原因としては、**食生活のバランス（※）、睡眠の不規則、ストレスなど**があります。脂漏性皮膚炎は、一種の皮膚の生活習慣病のようなもので、体内の免疫が低下すると発症しやすくなります。和食中心の健康的な食事をし、規則正しい生活を送るという、当たり前の健康管理がもっとも有効です。

※皮脂は食べたものから作られるので、摂取する脂肪酸のバランスが乱れると、この皮膚炎を起こしやすくなります。外食やテイクアウト、レトルト食品などに使われる油にとくに注意して（Ｐ．106「ω《オメガ》3系の油」参照）。

脂漏性皮膚炎になったら、シャンプーの見直しと生活改善を

脂漏性皮膚炎には「マラセチア」という一種のかびが関与していることがわかっています。マラセチアは皮膚の常在菌つまり誰でももっている菌で、一種の善玉菌ですが、皮膚表面の免疫バランスがくずれたときにマラセチアが過剰増殖して脂漏性皮膚炎が起きてきます。**根本的な原因はマラセチアでなく、皮膚の免疫低下**です。

マラセチアを除菌するシャンプーなども売られており、ある程度、炎症をおさえる効果が期待できますが、それで脂漏性皮膚炎が完全に治るというものではありません。

脂漏性皮膚炎の方は皮膚が敏感なので、「敏感肌用」のシャンプーのほうが合う場合もあります。また、「フケが出るから」と毎日洗うと、さらにフケが増える悪循環に陥ることも。とくに乾燥肌ぎみの人は、洗う頻度を1日おきに減らし、ドライヤーを当てる前に乳液で地肌を保湿しましょう。

ドラッグストアで売られている「頭皮湿疹用」という塗り薬を試してみるのもよいでしょう。それでも効果がみられない場合は、皮膚科を受診しましょう。脂漏性皮膚炎は長期化することが多く、通常、年単位の治療が必要になります。**薬を使いながら、**

根気よく、食生活や全体の生活リズムを見直していきましょう。

●原因②……「1日洗わないとかゆい」のは、洗いすぎによる悪循環の可能性が

「1日洗わないと頭皮がかゆくなる」という人がいます。それに「フケ」を伴えば、脂漏性皮膚炎の可能性が高いですが、**フケがなく、頭皮に異常がみられないのにかゆいという場合**は、雑菌（マラセチアなど）が皮脂を分解して、その分解産物が皮膚を刺激してかゆみを起こしています。

皮脂が分泌されて時間がたつと、皮膚の常在菌がそれを代謝していきます。その過程で生産される「遊離脂肪酸」などが、皮膚を刺激してしまうのです。

しかし、皮膚が健康であれば、角質のバリアが皮膚を守っているので、皮脂が分解されてもかゆみは起こりません。1日洗わないとかゆいという人は、もともと皮膚のバリアが低下している可能性が高いです。

なぜバリアが低下するかというと、ほとんどが洗いすぎです。つまり、**洗いすぎ↓地肌が乾燥↓バリア低下↓かゆみが起きる↓かゆいからまた洗う**、という悪循環です。

悪循環を断ち切るために、思い切って洗う回数を減らしましょう。湯シャン（P.68参照）を試す、シャンプーを「敏感肌用」のものに変えるなどがおすすめです。ドライヤー前に地肌を乳液で保湿することもよいでしょう。

シャンプーを1日おきなどに減らすと、はじめは余計にかゆいように感じるかもしれませんが、その状態に肌が慣れて、かゆみは落ち着いてくるはずです。1日洗わないと髪が脂でペタッとしてくるような人の場合は毎日洗うほうがよいですが、そこまででなければ、**多くの人にとっては、毎日は洗わないほうがよい**のです。

原因③……体のあちこちに湿疹が出る「アトピー性皮膚炎」

「アトピー性皮膚炎」で頭皮がかゆくなる人がいます。ただし、頭皮だけに症状が出るアトピー性皮膚炎というものは、ほとんどありません。

大人のアトピー性皮膚炎がよく現れる部位は、**額、目の周り、首、ひじとひざの内側、手の指など**です。これらの部分にかゆい湿疹ができていて、さらに頭皮にも乾燥、かさぶた、かゆみなどがみられる場合は、頭皮のアトピー性皮膚炎といえるでしょう。

頭皮にアトピー性皮膚炎が出た場合は、「敏感肌用」のシャンプーを使用しましょう。コンディショナーは、できれば使用しないほうがよいのですが、使う場合はやはり敏感肌用のものにします。ワックスなどの整髪料や、洗い流さないトリートメントの使用は控えましょう。100%のオリーブ油や椿油などはつけても大丈夫です。

かゆみがひどくて、かいてしまう場合は、皮膚科を受診しましょう。

シャンプーには好みがあると思いますが、皮膚が荒れているときには皮膚の治療を優先し、「敏感肌用」のシャンプーにしましょう。皮膚が治ったら、また好きなシャンプーを使えるので、治療期間中は妥協することも重要です。

原因④……生え際やうなじがかゆい場合は「接触性皮膚炎」の可能性が

シャンプーやコンディショナー、整髪料などでかぶれて頭皮がかゆくなることがあります。これらにかぶれると、**生え際やうなじに赤みやかゆみ**が出てきます。

かぶれていても気づかずに、何年もそのシャンプーなどを使っている人もいます。生え際やうなじにときどき赤みやかゆみが出る人は、ヘアケア製品を変えてみましょう。正確な診断をつけるためには、パッチテストが必要になります。パッチテストをおこなっている皮膚科を受診しましょう。

原因⑤……シラミが吸血してかゆくなる「毛ジラミ症」

毛に寄生するシラミが、皮膚から吸血するためかゆみを起こします。人から人に感染します。性行為で陰毛に感染することが多いのですが、保育園などで園児の頭髪に感染が広がることもあります。毛ジラミ症では、毛にゴマくらいの大きさの白い虫卵が付着します。

毛の生えているところ（頭、陰部、わきの下など）にかゆみがある、毛に白いものがついている、人から何かうつされた心当たりがある、家族に似た症状がある、などの場合は皮膚科を受診しましょう。

原因⑥……大きく厚いフケが出る「乾癬」

「乾癬《かんせん》」という皮膚病があります。皮膚に赤い数cm大くらいまでの発疹《はっしん》が出て、表面にウロコのような乾いた皮が付着します。発疹は、赤みが強く、境目がはっきりしており、また、かゆみは強くないのが特徴です。

乾癬には種類がありますが、もっとも多いのが「尋常性乾癬《じんじょうせいかんせん》」で、乾癬の約9割を占めます（※）。

乾癬の発疹は、外的刺激を受ける部分に出やすいので、ひじ、ひざなどのこすれる部分や、ベルトの当たる部分などによく現れます。

頭皮も乾癬がよく出る部分で、最近フケが多いと思ったら乾癬のはじまりだったということもあります。**頭皮に境目のはっきりした赤い発疹が出て、ウロコのようなフケが落ちてくる場合**は、頭皮乾癬が疑われるので、皮膚科を受診しましょう。

乾癬の治療は、塗り薬が基本になります。「副腎皮質ステロイド」のほか、活性型ビタミンDを含む塗り薬が用いられます。全身に広がって重症化すると、光線療法、内服、注射などもおこなわれます。

乾癬は「脂質代謝異常」を伴うことが多い疾患です。脂っこいものや甘いものを控え、和食中心の食事を心がけましょう。また、肉より魚を摂るようにしましょう。

日本人は欧米人よりも乾癬になる人の率が低い民族だったのですが、近年、急激に増えています。食生活の欧米化と、加工食品などの油の質が問題視されています。

※尋常性以外の乾癬は、関節症状を伴うものや膿疱《のうほう》（うみをもつ発疹）を伴うものなど、尋常性よりも重症化することが多いものです。頭皮を含め皮膚だけに症状がある乾癬は、ほとんどが尋常性乾癬です（爪変性をもたらすこともあります）。

●原因⑦……頭皮にニキビができる「毛嚢炎」

頭皮にニキビのようなものができて、かゆみや痛みを起こすことがあります。毛穴の部分がふくれて黄色く膿《う》んだり、破れてかさぶたができたりします。

顔にできると「ニキビ」といいますが、顔以外のところにできると「毛嚢炎《もうのうえん》」といいます。

頭皮の毛嚢炎は、顔のニキビと同様に、**食生活の偏り、睡眠不足、ストレスなどが原因**になります。

甘いものを控え、外食やテイクアウトに頼らず**肌によい緑黄色野菜や大豆などを摂りましょう**。夜遅くまでパソコンやスマホを見ることもひかえ、0時頃までに規則正しく就寝しましょう。便秘があればそれも改善することが大切です。

ニキビは、体の中の免疫などのバランスの乱れによるものです。皮膚科では抗生物質の塗り薬などを処方しますが、それを使っても、生活改善をしないと完全には治らないことが多いようです。

また、頭皮は誰でも雑菌が多くついています。そのため、爪やブラシで小さな傷をつけてしまうとそこから化膿《かのう》して毛嚢炎になることがあります。洗髪のときに爪を立てないこと、ブラシもやさしく当てるように意識しましょう。

シャンプーは通常どおりにおこないます。しっかり洗ったほうが治るということはないので、必ずしも毎日洗うべきとはいえません。自分のペースで、べたついたり乾燥しすぎたりしないように洗うことが大切です。「殺菌」などの特別なシャンプーを使う必要はありません。

ニキビが治りかけてかさぶたになったときにそれを手で取ってしまう人がいますが、それをしているといつまでも治らないので、取らないように気をつけましょう。

頭皮

column

肌と髪のために「ω《オメガ》3系」の油を

食品からとる「脂肪酸」のバランスがくずれることが、乾癬《かんせん》などさまざまな疾患を引き起こすことがわかってきています。

「必須脂肪酸」のなかで**「不飽和脂肪酸」**とよばれるものは、その化学構造から「ω3系」「ω6系」「ω9系」に分類されます。いずれも必須脂肪酸つまり人体には必要なものですが、そのバランスが大切です。

「ω3系」は背の青い魚、「ω6系」はコーン油などの植物油に多いので、現代人は3系が不足して6系をとりすぎる傾向があります。**「ω3系」は血液をさらさらにして炎症をおさえる働き**があり、**「ω6系」が過剰になると逆に炎症を起こしやすくなります。**

乾癬も脂肪酸の摂取バランスが関係するといわれており、乾癬になった人は、「ω3系脂肪酸」をとることが推奨されます。**鮭、さんま、イワシなどの青い魚**を積極的に摂取しましょう。鮭やサバの缶詰を利用するのも一案です。

反対に、**摂らないほうがよいのは、大豆油**（※）**やコーン油などの植物油**、つまりサラダ油やマーガリン、それらを含む加工食品です。外食、テイクアウト、レトルトやお菓子などの**加工された食品、そういうものに含まれる油が要注意**です。

食事はなるべく安全な材料で自分で作るにこしたことはないのですが、どうしても外食や加工された食品を利用するときは、油をあまり使っていないメニューを選ぶようにしましょう。菓子パンも意外と要注意です。

家庭で料理するときには、オリーブ油を使いましょう。オリーブ油は「ω９系」という別の脂肪酸を多く含みますが、加熱できる油のなかでは安定性が高く、健康によいといえます。「ω３系」は「亜麻仁《アマニ》油」や「しそ油」に含まれますが、加熱には適しません。

※大豆そのものは体によいですが、そこから抽出した大豆油はω６系脂肪酸の含有量が多いため、摂りすぎは禁物です。

ちゃんと洗っても頭皮がにおうのは、どうして？

頭皮のにおいのもとは、汗でなく「皮脂」

頭皮のにおいを気にする人がとても多いようです。

頭皮のにおいのもとは、何でしょう。

人体でもっとも皮脂が多いのは「頭皮」です。皮脂が空気で酸化されたり雑菌で分解されたりすると、においを発します。**つまり皮脂が多い人の場合、その皮脂を長時間洗わずに放置すると、においのもとになります**。

よく「汗くさい」といいますが、じつは、**汗は無臭**です。汗をだらだらかくサウナの中が、くさいということはありません。額に汗が流れたときに、それを手にとって、かいでみましょう。何もにおいはしないはずです。

しかしたとえば、運動して全身汗をかいたあとの、スポーツウェアなどは、におうかもしれません。それを「汗くさい」とよくいいますが、それはじつは、汗のにおいではなく、体から出た皮脂のにおいです。

運動して体温が上がると、背中などの皮脂腺が多いところから皮脂がたくさん分泌され、それがにおいのもとになります。

汗が気になるときは、湯ですすごう

汗をかくと汗くさくなると思って、夏は1日2回洗髪するという人もたまにいますが、それでは洗いすぎです。洗いすぎれば、頭皮が乾燥して、かえってフケの原因になることもあります。

汗が気になったときはシャンプーを使わず、湯だけですすげばOK。汗は「水溶性」なので、湯だけで落ちます。シャンプーで洗うのは1日1回までにしましょう。

頭皮には、誰でも少しはにおいがある

頭皮は常に皮脂が多い部位なので、脂性の人でなくても、常に地肌は皮脂でおおわれています。シャンプーして皮脂をとっても、通常は6時間もたてば皮脂は再び地肌

をおうので、そこに鼻を近づけてかげば、誰でもある程度のにおいはします。また、指で頭皮をこすってそのにおいをかげば、脂っぽいにおいがするのが普通です。つまり**頭皮がまったくにおわない人はいない**し、どんなに洗っても完全に無臭にはなりません。

周りの人ににおわなければよい、と考えましょう。髪の根元がべったりするほどの皮脂を1日以上放置すれば周りにもにおうほどになりますが、そうでもないかぎりは周りの人にまでにおうことはないはずです。

においに神経質になって洗いすぎると、皮膚の善玉菌がうばわれることで肌の健康が失われ、フケやかゆみなどの原因につながります（P.99参照）。

洗いすぎは善玉菌をうばい、頭皮の環境を破壊する

地肌は髪におおわれており、直接よく見ることができません。そのためもあってか、地肌をいたわる意識が低い人が多いようです。「シャンプーのときにごしごし洗い、ドライヤーの熱風を当て、そのまま」という人が大半でしょう。顔は洗ったあとに化

粧水・乳液をつけたり、ときには保湿マスクを使ったりと熱心にケアしている人が多いですが、**地肌はほとんどの人がノーケア**です。

地肌も顔も、皮膚の構造は基本的に同じなので、どちらも数週間の単位でターンオーバーしています。つまり新しい皮膚が生まれて、表皮から角質になり、最終的に「あか」となってはがれます。洗いすぎると必要以上に角質をとってしまうことになり、そこを修復するためにターンオーバーが早まります。

ターンオーバーが早くなりすぎると、不完全な角質が作られるため、はがれやすくなり、**パサパサとしたフケが出てきます**（「ひ糠《こう》性湿疹」ともよばれます）。「フケが出るから不潔」と思って余計に洗ってしまうと、さらに状況を悪化させます。

もうひとつ考えなければならないのが、表皮の「皮脂膜」です。毛穴から分泌された皮脂が「善玉菌」と混じって「弱酸性」の皮脂膜を作り、地肌をおおっています。これを頻繁にとってしまうと、**菌やpHのバランスがくずれるなどして、表皮環境を悪化させます**。ひどい場合は炎症を起こしてかゆみが出ることもあります。

体を毎日ボディソープでごしごし洗って何もケアしなければ、乾燥してかゆくなりますね。地肌はドライヤーを当てる分、さらに過酷な環境にあります。

対処法

前述したように（P.68参照）、湯シャンなどを取り入れて洗いすぎを防ぎましょう。ドライヤーを当てる前に、地肌を保湿するのも一案です。地肌用の保湿オイルや美容液なども売られているので、それらを利用するのもよいですが、**敏感肌の人であれば、顔用の乳液を使う**のがおすすめです。普段、顔に使っているものでもＯＫ。顔用の乳液は、べたつかずのびがよいものが多いですし、敏感肌用など、いろいろなものから選べます。

髪が濡《ぬ》れた状態で、地肌に乳液をすりこんでからドライヤーを当てます。ドライヤーはあまり近くから熱風を当てずに、**冷風をうまく使いながらゆっくり乾かす**と、さらに地肌や髪へのダメージをおさえることができます。

4章

ブロー&
スタイリングの工夫で、
もっと美しく

髪のセットを長もちさせる方法は？

ドライヤーでできるヘアセットは水に弱い

ドライヤーでブローしたり、ヘアアイロン（こて）を当てたりして、髪をセットするのが「ヘアスタイリング」です。ダメージをおさえて美しいスタイリングを楽しむために、まず、ヘアスタイリングの仕組みを知りましょう。

髪内部のタンパク質の形を変えることで、髪のセットは決まります。タンパク質の「結合」には4種類あり、弱いものから順に①「水素結合」、②「イオン結合（塩結合）」、③「シスチン結合」、④「ペプチド結合」です。

「水素結合」はいちばん弱い結合で、**水や熱ではずれ、冷えて乾くと再結合します。**

たとえば髪を洗ったあとにドライヤーで乾かしていくと、乾ききる最後の瞬間に作っ

図10 髪内部のタンパク質の「結合」4種

結合 弱

❶水素結合

髪が濡れるとはずれて、乾くと再結合する。ブローやヘアアイロンによるスタイリングはこれを利用している。

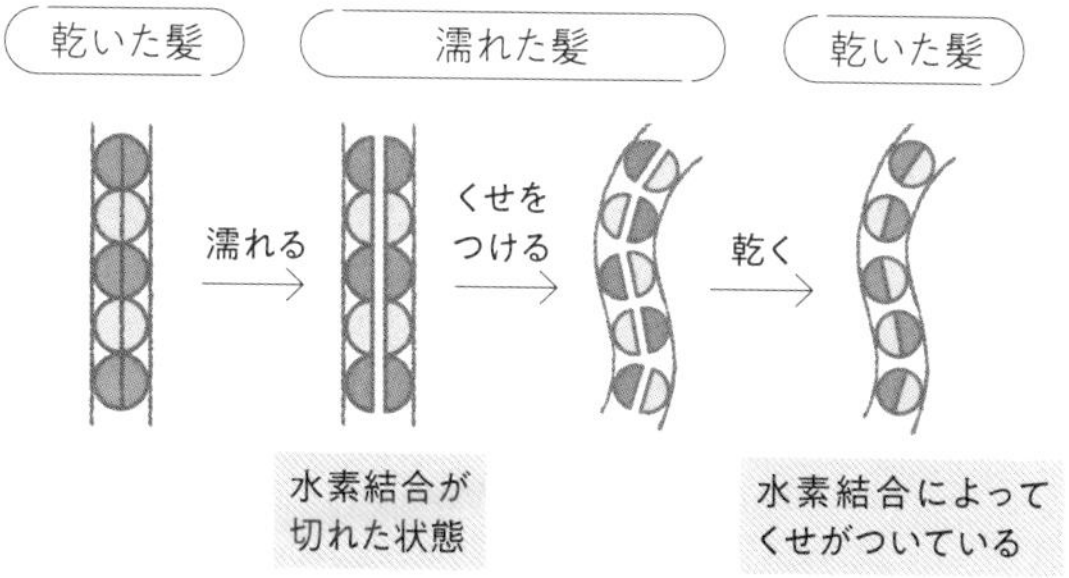

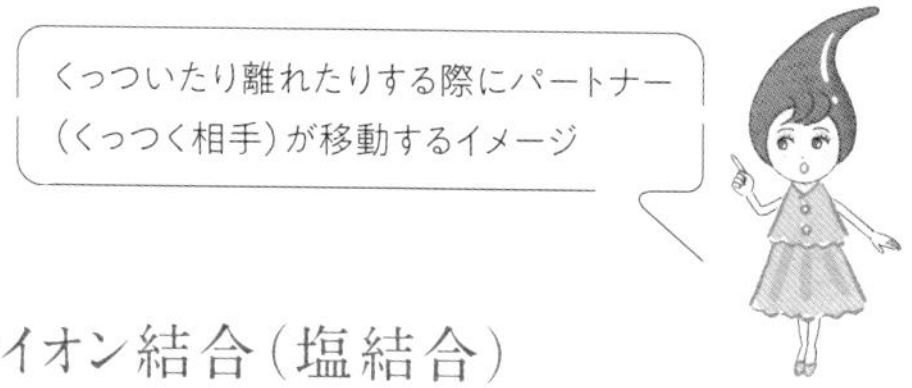

❷イオン結合（塩結合）

髪内部のタンパク同士を電気的（イオン的）につなぎあわせている。弱酸性（pH4.5~5.5）では結合しているが、pHが変化すると（特にアルカリで）イオン結合がはずれて髪は無防備に。

❸シスチン結合

パーマのときに「1剤」でこれを切断し、「2剤」で再結合させる。比較的強いので、一度結合すると、アルカリなどの薬剤を作用させないかぎりは切れない。

❹ペプチド結合

「髪の命」ともいわれる、もっとも重要な結合。これが切れると元には戻らず「切れ毛」になる。過度のアルカリや「過酸化水素」（ブリーチや強いパーマなどで使われるもの）でペプチド結合が切れてしまうことがある。

結合 強

た形が維持されますが、それは、濡れたことではずれていた水素結合が再びつながるためです。**この水素結合は弱いので、濡れるとまたはずれてしまいます**。湿気があるときや汗をかいたときにセットがくずれるのはこのためです。寝ぐせも水素結合なので、濡らすとくせは戻ります。

ドライヤーを使って髪を乾かすときのポイント

濡れた髪はキューティクルがふやけて広がり、無防備な状態です。この状態でこすり合わせるだけで、キューティクルははがれていきます。また、濡れた状態のほうが熱にも弱いので、乾かす際には注意が必要です。

髪の内部はタンパク質の束で、タンパク質は「熱」に弱く、高温にさらすと「変性」し、髪が傷んでしまいます。髪は、乾いていると90度、濡れた状態では58度くらいからタンパクの「熱変性」が始まります。

①まずはこすらずにタオルドライ。

洗ったあとの髪はまず、タオルにはさんで水けをとります。このとき**こすり合わせないよう気をつけましょう**。ドライヤーをかける時間を短くするために、しっかり水けをとりましょう。

②ドライヤーは離して。風はほどほどに。

髪の温度が上がりすぎないよう、ドライヤーは15㎝ほど離し、1か所に当て続けないで移動させながらかけます。冷風機能があれば、温風の合間に冷風を入れるとよいでしょう。

「風をたっぷりめに」ともよく言われますが、風が強いのもダメージの原因になることがあります。髪は、濡れた状態ではキューティクルが開き、乾くと閉じますが、**あまり短時間で乾かしてしまうと、キューティクルがしっかり閉じない**ことがあります。

面倒でも少しゆっくり乾かしたほうが、髪にはやさしいといえます。

③「なりたいスタイル」を意識した乾かし方を。

半乾きになってきたら、そこから先は、髪の流れを意識して乾かしましょう。

髪がぺしゃっとしてボリュームがない人は、頭を前に傾けて後ろから風を送って髪を逆立てるようにしましょう。**分け目部分は、髪の流れと逆に風を当てる**と、根元がふわっと立ちます。

反対に、髪が立って困る人は、ドライヤーを上から当てて、なでつけてみましょう。

濡れたことで切断された水素結合がしっかりつながるまで、最後まで乾かしましょう。半乾きでやめてしまうと、スタイルがくずれます。半乾きのまま寝てしまう人もいますが、寝ている間に髪がこすれて傷むうえ、寝ぐせがつく原因になります。

自然乾燥は肌や髪に悪いか

よく「髪が湿ったまま放置すると雑菌が繁殖して不衛生だ」という人がいますが、半乾きのタオルがかびるように頭皮がかびることはありません。

洗って時間が経って皮脂が出てくると、それに**「抗菌」作用がある**ので、多少雑菌が繁殖しても、実害があるほどにはならないのです。

ただし、髪が濡れた状態でこすり合わせられると、キューティクルが傷みます。したがってそのまま寝てしまうと、髪のダメージの原因になります。髪が長い人は、乾かして寝たほうがよいでしょう。

男性のように髪が短い人の場合はすぐに乾きますし、さほど影響はないので、自然乾燥が絶対によくないとまではいえません。自然乾燥でもすぐに乾いてそれで困っていない人は、それでもよいでしょう。

髪のダメージをおさえて、長もちするスタイリングを

髪は、**乾ききる瞬間に「水素結合」が起こり、形が決まります**。ドライヤーのブローやヘアアイロン（こて）でくせをつける場合は、**9割以上乾いた状態になってから、**

最後に一瞬だけ熱を加えて形を作りましょう。

濡れているところからブローする人がいますが、キューティクルを傷めるだけで、スタイリングは決まりません。とくに、濡れているところでヘアアイロンで髪をはさんで引っぱると、ごっそりとキューティクルがはがれてしまうリスクがあります。

ヘアアイロンの設定温度は低いほうが安全ですが、低すぎるとなかなかスタイルが決まらず、何度も髪をはさんだり長い時間あてたりということにもなります。140～160度の間くらいで、やりやすい温度を探しましょう。

一度にとる髪の毛束の量を少なくすることも、素早くしっかりとした形を作るのに大切です。

髪を熱から守るスタイリング用のローションなどを使う場合は、濡れた髪にあらかじめつけてからスタイリングします。

髪に潤いを与えるヘアオイルやミルクなどを使う場合は、スタイリングの前でなく後につけましょう。先に保湿をしてしまうと、スムーズに乾かなくなって、かえってダメージを与えます。**スタイリングが終わったら毛先にオイルをつける、セットスプ**

レーでキープするなどのケアをしましょう。

ただし、どのようなやり方をしても、熱を加えてセットすることは髪にダメージを与えます。ヘアアイロンの低温は130度くらいですが、**90度以上であればダメージはゼロではありません**。90度のものを手で触れば火傷《やけど》します。髪もタンパク質なので、熱を加えるたびに少しずつ火傷していきます。

ヘアアイロン（こて）では通常140度以上、場合によっては200度もの温度を使います。そのため当然、ダメージは大きめ。髪をはさんだまま強く引っぱることも、さらにキューティクルを傷めます。とくに、**濡れたままヘアアイロンを当てると、キューティクルがごっそりはがれてしまう**ことがあり、要注意です。

髪が傷みやすい人は、**熱でスタイリングする頻度をなるべくおさえましょう**。乾かしただけでまとまるスタイルにしておく、長い人は髪をまとめるなどすればブローしなくてもすみます。

そうして普段はダメージを与えないようにして、特別なお出かけのときだけブローやアイロンでセットするようにすれば、髪のダメージをおさえることができます。

ブロー

column

タンパク質の「変性」とは

タンパク質は、「熱」「酸」「アルカリ」「重金属イオン」などで「変性」します。変性とは字のごとく、性質が変化すること。化学構造が変わって、性質が変わることを指します。タンパク質の「熱変性」は、身近な例でいうと「ゆで卵」です。生卵に熱を加えると固まりますが、これはタンパク質が熱で変性しているのです。生の肉を焼いたときの変化も「熱変性」です。牛乳に酢を加えると固まるのは、「酸」によるタンパク質の変性です。「塩素系漂白剤（次亜塩素酸ナトリウム）」は「アルカリ」で、手の皮膚につくとタンパク質が変性して溶け、手が荒れます。

整髪料を賢く使って美しいスタイリング

❶ヘアスタイルを「維持」する整髪料

ワックス、ムースなどさまざまな整髪料が売られており、上手に使えば髪のスタイリングをレベルアップしてくれます。

ヘアスタイルを「維持」する手法には、以下のようなものがあります。

①－1：髪を「内部」からセットする、ウォーター系の整髪料（例：ヘアウォーター、フォーム、水性のワックスなど）

水で毛髪内部の水素結合の開裂（切断すること）・再結合を起こして、形を作るものです。ただの水で髪を濡《ぬ》らしてからブローしてスタイリングをすることと似ていますが、これらのウォーター系の整髪料は、乾いたあとに「シリコーン」などの皮膜が表面に残り、それがを髪をコーティングして、**湿気などが髪の内部に入り込んで形がくずれないように**防いでいます。

①-2：表面で髪同士を接着して、形を維持する整髪料

●油分粘着技術（例：油性ワックスなど）

「油分」の粘着力を利用して髪同士をくっつけることで、スタイルを維持します。風などで形がくずれても手直しができるのがメリットですが、油分なのでつけすぎるとべたつくことがあります。

こうした目的で使われる油分には固形のものと液状のものがあり、液状のものがさらっとしていて好まれます。

ただし、液状油分のなかには時間がたつと髪の毛の中に吸い込まれていき、髪がべたっと重くなってスタイルがくずれる原因になるものもあります。

最近では髪に吸い込まれにくい油分を配合したスタイリング剤も生まれています。

●ポリマー固着技術（例：スプレー、ヘアフォーム、ムースなど）

速乾性の「ポリマー」を用いて**髪同士をノリでつけるようにくっつけて**、形を維持するもの。マスカラでまつ毛を上げて、乾くと形が維持されるのと似た仕組みです。ただし、乾いてから接着をはずすと、もう一度くっつけることはできないので、くずれたときに手直しすることはできません。

「アクリル系」や「ウレタン系」のポリマーが配合されたものはセット力が強くなります。接着力の強いポリマーを含むセット剤を毎日使うと、洗っても完全に落ちずに、日々、髪に残っていき、それによって髪がゴワゴワになることがあります。その場合はしばらく使用を中止すれば、何度か洗ううちに落ちていき、もとの髪に戻ります。

❷髪の「保湿」のための整髪料

ひどく乾燥した髪には、肌と同じように保湿が必要です。髪の保湿に使われるものには以下のようなものがあります（シャンプー時に使うものではなく、その後に使うものを挙げます。入浴後に使うものは、「アウトバス」のヘアケアとよばれます）。

②-1：ヘアオイル

「ヘアオイル」として使われるものは、「高分子シリコーン系」のオイルがほとんどです。「シクロペンタヘキサン」「ジメチコン」などがおもな成分で、そこに天然のオイルが加えられています。

天然やオーガニックのオイルが人気ですが、天然そのままのオイルは重いので、少量で薄くのばすことはできず、べたついて、実用的ではありません。現状、ヘアオイルとして売られているものは、「オーガニック」と表示されたものでも、シリコーンオイルを含むものが多いようです。

シリコーンは、さらっと髪をコーティングして、髪のからみを防ぎ、指通りをよくします。シリコーンオイルをスプレーに配合したものが「艶出しスプレー」として利用されています。

②-2：ヘアミルク・ヘアクリーム

「ヘアミルク」は、オイルを乳化させて、さらに軽くしたものです。「カチオン系」や「ノニオン系」などの界面活性剤を多く含むものもあります。界面活性剤は、ミルクを乳化させる作用や、保湿などの効果をもちます。その他、「高級アルコール」なども保湿のために配合されています。

ミルクから質感をもう少し重めにしたものが「ヘアクリーム」となります。

「洗い流さないトリートメント」とよばれるものも、内容的にはヘアオイルやミルクと同じものです。

column

オイルやワックスは火気注意

ヘアオイルやヘアワックスは、油を多く含むので、引火することがあります。ヘアオイルをつけた髪にタバコの火がふれて炎があがり、火傷《やけど》を起こした例や、ワックスをつけたまま前かがみで調理をして、前髪に火がついた事例などがあります。

何もつけていない状態では、髪に火がふれても通常はチリチリと焦げるだけで炎は上がらないものですが、油分が多くついていると火がつくことがあるので気をつけましょう。

5章

薄毛を
知ろう、防ごう

髪はどう伸びて、どう抜ける？

髪は絶えず生え変わっていく

「薄毛」などを理解するうえで、とても重要なお話です。

毛はすべて、植物のように、ある程度伸びて成長したあとは、成長が止まり、枯れて抜け落ちます。毛が抜け落ちたあと、「毛根《もうこん》」はしばらくの間（約3か月）お休み期間に入ります。そしてまた成長を始めます。これを「毛周期《もうしゅうき》」といい、①「成長期」、②「退行期」、③「休止期」というサイクルで回っています（P.28【図1】を参照）。

全身の毛は、こうして絶えず生え変わっています。動物ではある時期に体毛がいっせいに「休止期」に入って抜け落ち、新しく生えてくるという「毛がわり」という現象がありますが、人間ではそれは起こりません。頭髪でも、ばらばらの毛周期をもつため、絶えず「成長期」の髪は伸びていき、頭皮の奥には「休止期」の毛根が眠っています。

植物が大地に根をおろし、そこから水分と栄養分を吸収して育っていくように、髪は地肌から栄養をもらって伸びていきます。

毛根の「**毛乳頭**《もうにゅうとう》」というところが髪の発生母地です。そこで「**毛細血管**」から栄養が与えられ、髪を作る新しい細胞が生まれます（P.29【図2】を参照）。

column

髪にまつわる素朴な疑問①

Q.ひとつの毛穴から2本の毛が生えていることがあるのは、なぜ？

A.毛穴の中にふたつの「毛根」がある場合には、2本の毛が生えます。

ひとつの毛穴から2、3本の毛が生えていることは、頭髪でも体毛でもあることです。ひとつの毛根からは1本の毛しか生えませんが、毛穴の中に複数の毛根が存在していることがあり、その場合、ひとつの毛穴から複数の毛が生えます。

太い髪と細い髪は、どう違う？

髪が太い人はキューティクルが厚い

髪の太さは人によって違います。

太い人も細い人も、髪内部の「コルテックス」の厚さはあまり差がなく、太い人では外側の「キューティクル」の部分が厚くなっています（キューティクルは4〜10層と個人差があります）。太い髪のほうがキューティクルが厚いので、ダメージを受けにくいですが、パーマやスタイリングでくせづけることは難しくなります。

また、髪色による違いもあり、金髪は細く、黒髪は太めです。

くせ毛の人は断面が円形でなく楕円《だえん》形をしています。

髪は40代から細く弱くなる

女性の髪は30代後半でもっとも硬くなり、その後、細く弱くなっていきます。それによって、40代になると「髪のボリュームが減った」と感じるようになります。髪が細くなり、コシが失われてぺしゃんこになるので、地肌が見えやすくなります。本数が減らなくても、このようにして、減ったように見えてしまいます。

また、年齢によって髪は弱く、傷みやすくなります。「キューティクル」も内部の「コルテックス」も壊れやすくなるので、髪の内部に空気が入ってパサつきがちに。40代頃からは白髪染めをする人が増え、カラーリングの頻度も増します。そのためダメージはさらに進行し、「スタイルが決まらない」「うねりやすい」などの悩みも急増します。

しかし、年齢に合わせたヘアケアをすることで、ダメージを遅らせることが可能です。ヘアスタイルも、年齢による髪の変化を考慮して、髪に負担がかかりすぎない形を選ぶことが大切です。

女性の薄毛は、どうして起こる？

大人の女性の「薄毛」は、おもに2種類

40代以上の女性にみられる薄毛のおもなものは、大きくわけて2種類あります。
ひとつは「加齢による薄毛」で、もうひとつは「壮年性《そうねんせい》脱毛（＝男性型脱毛）」とよばれるものです。

加齢による薄毛から順に説明していきます。

女性の薄毛❶「加齢」によるもの

加齢による薄毛は、ほぼすべての女性に訪れます。

男性でも女性でも、肌が年齢とともに変化していくことは、誰でも知っています。

髪も年齢とともに、変化していきます。「80歳になっても20歳と同じようにふさふさの黒髪」という人は、絶対にいません。髪の加齢も自然のことであり、ある程度、避けられません。

女性ホルモンである「エストロゲン」には髪を豊かにする作用がありますが、40代半ば頃からは**エストロゲンが減っていくため、髪が全体に減っていきます**。かなり個人差はありますが、その年代頃から「地肌が目立つようになった」「髪のボリュームがなくなった」と感じる人が多くなります。

女性の「加齢による薄毛」は「休止期」の毛が増えるせい

女性の「加齢による薄毛」のメカニズムをみていきましょう。

女性の加齢変化では、「休止期」の毛の割合が増えることがわかっています。

通常、休止期は3か月程度続くため、常に、頭髪全体の10％前後が休止期に入っています。ところが、加齢とともに「成長期」が短縮し、**反対に休止期が長くなるため、休止期毛の割合が増えていきます**。そうなると、成長期の毛が少なくなり、生えている髪の量が少なくなります。

薄毛

また、この時期から「髪そのものが細くなる」という加齢変化も起こります。本数が減り、さらに1本1本が細くなるので、地肌が透けて見えるようになってきます。このような現象は頭全体におよびますが、本人は「分け目が目立つようになった」ことから気づくことが多いようです。

休止期に入った毛は脱落するため、若干「抜け毛が増えた」と感じることがあります。ただし、加齢による薄毛では、**「急にバサバサと抜ける」ということはありません。「抜ける」というよりも「生えなくなる」のが加齢による脱毛**で、ゆっくりと何年もかけて進行します。

女性の薄毛❷「壮年性脱毛」

中年期以後の男性には、「生え際が後退する」「頭頂部が薄くなる」などの、男性特有の薄毛がみられますが、女性でも、これと同じような現象が起きることがあります。これを「**壮年性脱毛**」もしくは「**男性型脱毛**」といいます。

図11 女性の薄毛のおもなもの

加齢による薄毛

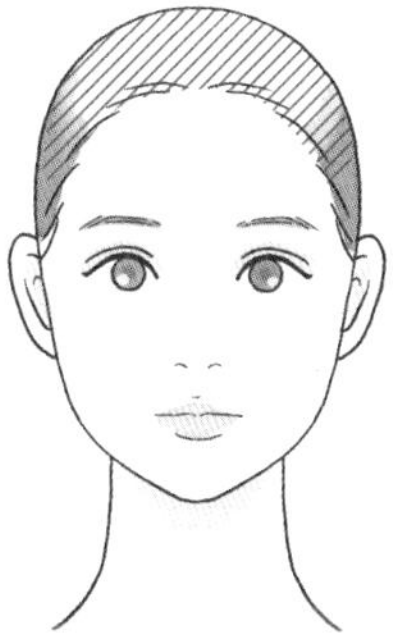

長い年月をかけて全体に薄く、まばらになる。

壮年性脱毛

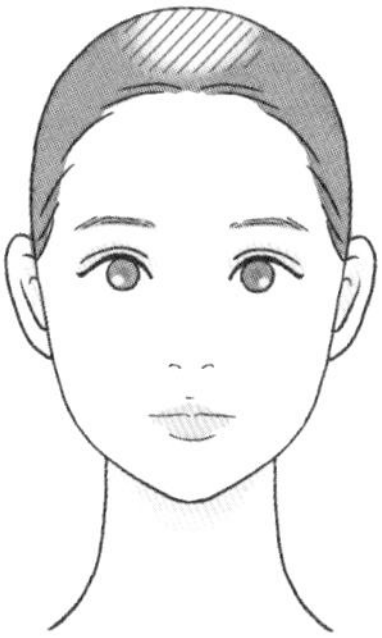

頭頂部型

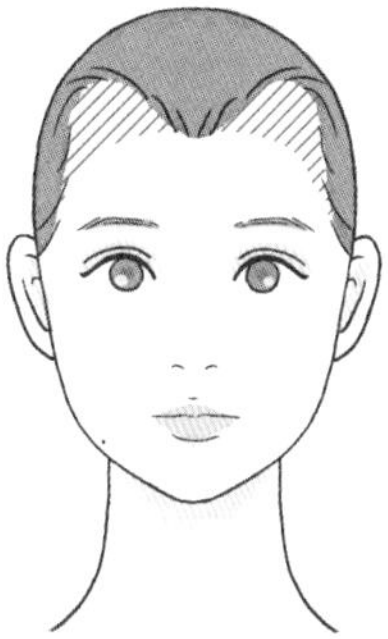

そりこみ型

初期には軟毛化し、進行すると地肌が見えてくる。

女性の壮年性脱毛では、頭頂部が薄くなっていくパターンが多いのですが、生え際が後退していくタイプや、額の両側が角型に薄くなっていくタイプ（俗にいう「そりこみ」）もあります。

壮年性脱毛の初期には、うぶ毛でおおわれたようになり、これを「軟毛化《なんもう》」といいます。進行すると休止期毛が増えるため、地肌が見えてきます。ただし、男性の薄毛のようにツルツルになった地肌が露出するというところまではいきません。

壮年性脱毛では、髪の成長期が「数か月」にまで短縮することも

髪は通常「成長期」が2〜6年あるので、切らなければ腰に届くくらいまで伸びます。しかし壮年性脱毛を起こした人では、成長期が1年、場合によっては数か月ほどと短くなってしまいます。つまり、10数cmまでしか伸びず、そこで休止期に入って脱落してしまうのです。

抜け毛の状態をよく見ると、壮年性脱毛かどうかを見分けることができます。

図12 抜け毛を見てわかる 女性の薄毛パターン診断

シャンプー時など、自然に抜け落ちた髪を見て、診断します。

抜け毛の「毛根」の太さは?

- **太く、棍棒《こんぼう》状になっている**
  - **抜け毛の長さは?**
    - **普通の長さ**（十数cm以上）→ ❶
    - **短い**（毛先にはカットした形跡がない状態で、十数cm以内の長さで抜けている）→ ❷
- **先細りしている** → ❸

❶ 加齢による薄毛

抜け落ちた毛の長さや毛根の状態は正常。「抜けるスピードが速くなる」のではなく、「なかなか生えなくなる」ことによる薄毛。50代頃からゆっくりと何年もかけて進行し、全体がまばらになる。誰にでも多少はみられる。

❷ 壮年性脱毛

抜け落ちた毛は細く短く、全体がミニチュア化している。早い人では30代から始まるが、多くは更年期以後。「頭頂部が薄くなる」「生え際が後退する」など、男性の薄毛と同じようなパターンを描く。初期には軟毛化し、進行すると地肌が露出してくる。遺伝性がある。

❸ その他

毛根部が細い場合は、「休止期」に入る前に抜けている（毛根がきちんと成長していない）ので、病的脱毛の可能性がある。数か月の間に進行することも。ただし、健康な人でも、毛根が細いまま抜ける毛が数%混じっている。

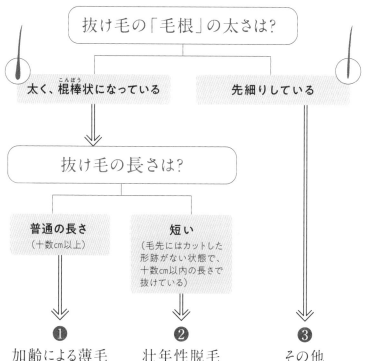

壮年性脱毛は、髪の「ミニチュア化」

壮年性脱毛を起こすと、次第に生え際や頭頂部が薄くなっていきます。

薄毛というと「抜け毛が増える」ことをイメージする人が多いですが、壮年性脱毛の原因は、「健康な毛が急に抜けはじめる」ことではなく、「成長期から休止期への回転が速くなる」ことです。

植物でいうと、数年かけて大きな樹に育つはずが、1年ほどの若木のまま成長を終えて枯れてしまう、ということです。枯れたあとに新しく芽は出てくるのですが、大きな樹にはならないため、だんだん大地は細い若木でおおわれるようになります。短い周期での回転を繰り返すことにより、根も小さく縮んで、林はミニチュア化します。頭皮でいうと、うぶ毛でおおわれたようになります（＝軟毛化）。

進行すると、新たな芽もなかなか出なくなる。つまり生えている髪の本数が減り、地肌が露出してきます。

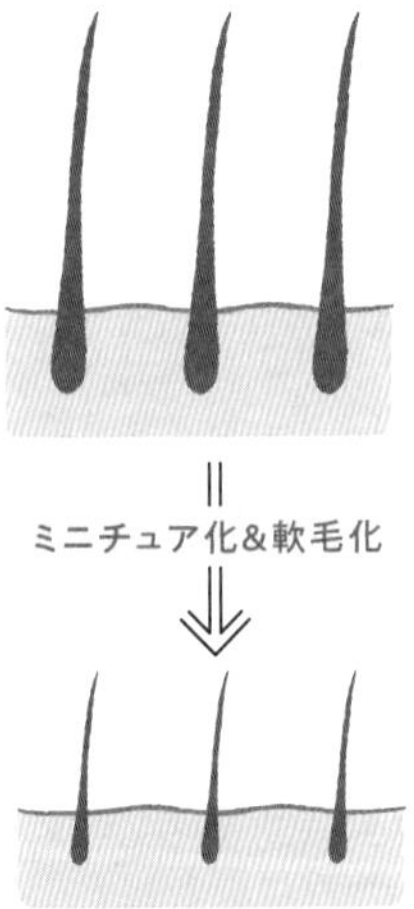

更年期に増える「抜け毛恐怖症」

「更年期に近くなって抜け毛が増えた」と訴える人が多いですが、そのほとんどが、実際に抜け毛は増えていません（思い込みの人が多いようです）。

「女性ホルモンが減ると髪が減る」と聞いて不安を抱き、地肌を見ると「薄くなった」と感じ、洗髪したときの排水口を見て「以前は、こんなに抜けていなかったのでは」と不安に感じてしまう人が多いようです。

ただ、繰り返しますが、**「薄毛＝抜け毛」ではありません**。

抜け毛の本数を数えるのでなく、抜けた毛の毛根を見てください。そうして、薄毛の原因を診断します（P．139【図12】を参照）。

原因を見極めたら、あわてず悲嘆せず、冷静に科学的に考えて対処しましょう。今は薄毛の治療も進歩しています。

なお、「パーマやヘアカラーで薄毛が悪化するか？」という質問がよくありますが、通常、それらは影響しません。薄くなった髪にパーマでボリュームを出す、明るく染めることで薄毛を目立たなくするなどは、とてもよい対策です。

女性の壮年性脱毛のメカニズムは、よくわかっていない

男性も女性も、壮年性脱毛には「男性ホルモン」が関わっています。

女性の体内では「卵巣《らんそう》」や「副腎《ふくじん》」で男性ホルモンが作られますが、壮年性脱毛になった女性の血液検査をしても、男性ホルモンの値が高くなっていることはまれで、つまり、壮年性脱毛が起こる仕組みは不明の部分が多いのです（※）。

女性は、早い人では30歳前後から壮年性脱毛が現れますが、多くは更年期以後です。ただ、この時期になると加齢による薄毛も起こるため、どこまでが壮年性脱毛か区別しづらくなります。

皮膚科的に治療する場合は、壮年性脱毛か加齢による薄毛かは区別しません。つまり**薄毛は薄毛として、同じ治療をおこなう**ことになります。

※例外として「多嚢胞性卵巣《たのうほうせいらんそう》症候群」という病気があります。この病気は男性ホルモンが高くなり、生理不順や、体毛が濃くなる、頭髪が薄くなるなどの症状を起こすことがあります。10代から40代くらいまで、生理がある年齢の女性に起こりうる病気です。最近では、肥満がこの病気のリスクになることがあるといわれます。

column

髪にまつわる素朴な疑問②

Q.最近よく聞く「AGA」って何？

A.テレビのCMなどでもAGAという言葉が使われだしています。これは「壮年性脱毛（＝男性型脱毛）」のことで、男女ともにみられます。「Androgenetic Alopecia」の略で「男性ホルモン（androgen）による脱毛症（alopecia）」という意味です。女性のAGAは「FAGA」（「Female Androgenetic Alopecia」の略）とよばれます。

女性の薄毛治療、どんなものがある？

さまざまな薄毛治療薬が開発されています。健康保険は適用されず、費用は1か月3000円程度からです。

治療法❶ 塗り薬（育毛剤）

女性の薄毛に対して、さまざまな塗り薬（育毛剤）が市販されていますが、医学的には「**ミノキシジル**」という成分が推奨されています。

男性でも女性でも、壮年性脱毛に対しては、ミノキシジルがもっとも評価が高く、広く使われています。ミノキシジル配合のローションは、病院で薄毛治療のために使われるほか、「薬用育毛剤（第一類医薬品※）」として薬局でも売られています。

壮年性脱毛のための薬ですが、加齢による薄毛も、治療するのであればまずはこれを使います。

市販のミノキシジル配合ローションの濃度は1～5％ですが、女性用は1％までとなっています。皮膚科では、それ以上の濃度を取り扱うところもあります。

ミノキシジルは、血管を拡張して血流を改善し、細胞分裂を活性化する作用があります。副作用を起こすことは少ないですが、起こりうるものとしては、使用した部分の頭皮がかぶれる（赤み、かゆみ、フケのように皮膚がむけるなど）、まれに血圧上昇、や動悸《どうき》、むくみなどがあります。血圧や心臓の病気がある人は、医師に相談してから使用しましょう。

なお、円形脱毛症などの疾患による脱毛症にはミノキシジルは効果がありません。

※「第一類医薬品」……副作用が起こりうるので、購入時に薬剤師からの紙面による情報提供が義務付けられているもの。ミノキシジル外用薬、H_2ブロッカーの胃薬、ロキソプロフェン（鎮痛薬）など。
「第二類医薬品」……注意を要する成分が含まれるが、薬剤師などの専門家からの情報提供は義務でなく努力義務。かぜ薬など。ロキソプロフェン配合の湿布薬も二類。
「第三類医薬品」……購入者への説明に対する規定はない。ビタミン剤、整腸剤など。
第一類～第三類の分類は、効き目とは関係なく、副作用のリスクが高いものが一類、低いものが三類となる（必ずしも一類のほうが効くというものではない）。

治療法❷ 内服薬（飲み薬）

男性の場合は、男性ホルモンの活性化をおさえる内服薬（「フィナステリド」など）がよく使われますが、女性には用いられません。妊娠中の女性が服用すると胎児に悪影響するとの報告があるためです（ただし近年、フィナステリドの、飲み薬でなく塗り薬が、閉経後の女性に有効であるとの報告があります※）。

欧米では昔から、壮年性脱毛に対して「**ソーパルメット**」というノコギリヤシのエキスが使われています。過剰な男性ホルモンの働きをおさえるといわれ、壮年性脱毛（男女とも）のほか、男性の「前立腺肥大症」にもよいといわれます。ただし、医薬品でなくサプリメントなので、効果および安全性に対するエビデンスはありません。

※参考：「US National Library of Medicine National Institutes of Health」のウェブサイト内の記事 https://www.ncbi.nlm.nih.gov/pmc/articles/PMC7060023/

治療法❸ 次世代の女性用育毛剤(フィナステリドとデュタステリド)

「**フィナステリド**」と、さらにその効果を強めた「**デュタステリド**」という成分が、閉経後の女性の外用育毛剤として期待されています(内服でなく外用です)。

これらの成分は、男性ホルモンを下げるのではなく、男性ホルモンが「毛包《もうほう》」部分で活性化することをおさえます。つまり、男性ホルモンが毛に作用しないように、邪魔します。

閉経後の女性の壮年性脱毛には、男性ホルモンが関与している可能性が高く、そこをブロックできれば、育毛効果を期待できます。

フィナステリドやデュタステリドを含む育毛ローションは、市販されておらず、一部の美容皮膚科などで取り扱っています。ただし、ミノキシジルに比べると、まだ十分なエビデンスはありません。また、閉経前の女性が使用することは禁じられています。

最近では、薄毛で髪が後退した部分の皮膚に「アートメイク」の手法で色素を入れて目立たなくする技術も生まれています(P.229参照)。

育毛剤はどう使う？ どのように効く？

気になりはじめたとき＝使いはじめるタイミング

40代頃から、多くの女性に加齢および壮年性脱毛による薄毛が現れはじめ、「分け目が目立つ」「髪に元気がなくなってきた」「頭頂部や生え際が薄くなった」などの悩みが急増します。気になりはじめたときが、育毛剤を使いはじめるタイミングです。あまり進行してからでは大きな効果を望めないこともあります。

まずは「**ミノキシジル1％配合ローション**」を使いはじめてみましょう（心臓や血圧に問題がある人は、医師に相談してからにしましょう）。1日1〜2回、乾いた地肌にスプレーなどで塗布します。その後、マッサージするようにいきわたらせます。

1か月ほど続けると、髪の根元がしっかりしてくるのを実感できる人が多いようです。続けていけば、髪が増えて、地肌が見えにくくなることもありますが、効果には個人差があります。また、髪は、1か月に約1cmしか伸びないので、はっきりした効果を実感するには半年くらいかかることが多いようです。

最大限の育毛効果を得るためには、食生活などの生活管理もおこないましょう。睡眠を十分にとる、タンパク質や鉄分を食べ物から十分に摂取することも大切です。

ミノキシジルとフィナステリドの2つの外用剤の併用が有効との報告もあるので、両方試してみたい人は、それらを扱う美容クリニックで相談しましょう。

頭皮マッサージも有効

毛根では、血液から栄養をもらって髪が成長します。血行をよくするためのマッサージは、育毛に有効です。

指の腹で頭皮をつかむようにもみほぐしてみましょう。ただし、爪を立てると傷がつくので、爪が長い人は気をつけて。豚毛のブラシなどで軽くたたくことも有効です。

育毛ローションをつけたときに同時におこなうのもよいでしょう。頭皮マッサージ用の器具も売られているので、それを使うのもよい方法です。

病気や出産に伴う薄毛って、どんなもの？

内臓や皮膚の病気に伴う薄毛もあります。これらが疑われる場合は、まず皮膚科で診療を受け、その病気の治療をおこないます。自己判断で育毛剤をつけることは控えましょう。

頭皮の皮膚炎（脂漏性皮膚炎）に伴う薄毛

頭皮にかゆみがあり、フケが出やすい。季節の変わり目に悪化する。このような症状の大半は「脂漏性《しろうせい》皮膚炎」です。それが悪化すると、まれに一時的な薄毛になることがあります。皮膚炎が深くまでおよび、真皮《しんぴ》の「毛根」周囲にも炎症が起きることで、毛の発育が阻害されて、薄毛になるものです（※）。

脂漏性皮膚炎は、乾燥するタイプとオイリーになるタイプがあります。

①乾燥するタイプ……かゆみとともに乾燥した細かいフケがパラパラと落ちる。それに薄毛を伴う場合、「ひ糠《こう》性脱毛」とよばれる。

②オイリーになるタイプ……頭皮に赤みやかゆみがあり、油っぽいべたっとしたフケが付着する。それに薄毛を伴うと、「脂漏性脱毛」とよばれる。

もともと頭皮が乾燥しやすいかオイリーになりやすいかによってこの違いが現れます。どちらも脂漏性皮膚炎がベースにあるので、そこをまず治療する必要があります。脂漏性皮膚炎を治せば、薄毛も治ります。

なお、これらはフケの増加を伴うため、「増えたフケが毛穴につまって髪が抜ける」とネットなどによく書かれていますがそれは間違いです。フケが毛穴につまることはありません。

アトピー性皮膚炎も、頭皮に炎症が起きればその部分が薄毛になることがあります。また、顔に皮膚炎が生じれば、一時的に眉毛が薄くなることがあります。

これらの皮膚炎に伴う薄毛は、皮膚炎を治療すれば通常は回復していきますが、薄毛の期間が、10年以上と長期におよんだ場合は、完全には回復しないこともあります。

※参考：ウェブサイト「American Hair Loss Association」内の記事
https://www.americanhairloss.org/types_of_hair_loss/infectious_agents.html

ストレスが関係するといわれる「円形脱毛症」

1cm～数cm大の丸い脱毛部が突然現れるもので、現れる部位はさまざまです。痛みやかゆみはなく、本人が気づくよりも美容室で指摘されるなどのケースが多いようです。

「ストレスが関係する」といわれますが、円形脱毛症の患者さんのなかには、はっきりしたストレスを自覚していない人も多いです。発症年齢はさまざまですが、4人に1人は15歳以下です。

円形脱毛症では、自分の血液の中のリンパ球が毛根を攻撃して毛根が萎縮し、抜け落ちてしまうことがわかっています。**アトピー性皮膚炎や甲状腺機能異常、膠原病などの疾患をもつ人に多く、自己免疫疾患のひとつ**と考えられています。白斑《はくはん》症（皮膚の色がまだらに白く抜ける病気）の人にも多いといわれます。

しかしなぜ急に毛根への攻撃が起こるのかは不明です。頭髪以外にも、眉毛やまつ

図13 病的脱毛の例

甲状腺機能障害に伴う薄毛

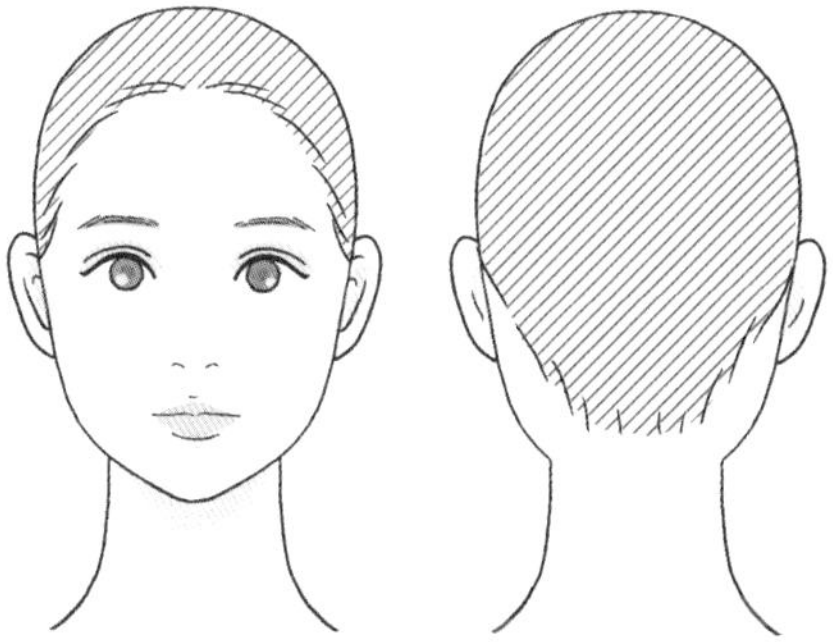

甲状腺機能亢進症・低下症いずれの場合も、
髪が薄くなることがある。頭全体に及ぶ。

円形脱毛症

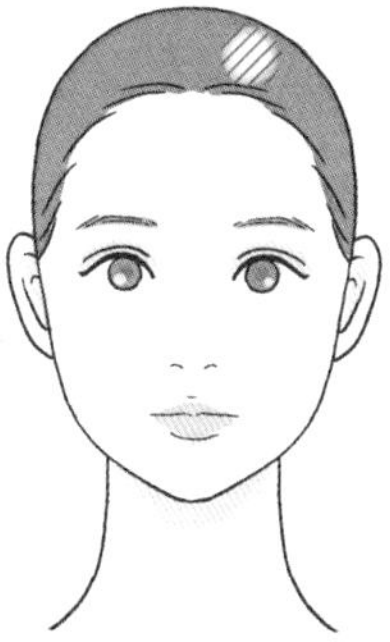

部位はさまざま。数cm大で境界は明瞭。ときに眉毛や性毛（わき毛、デリケートゾーンの毛）なども抜けることがある。

慢性休止期脱毛

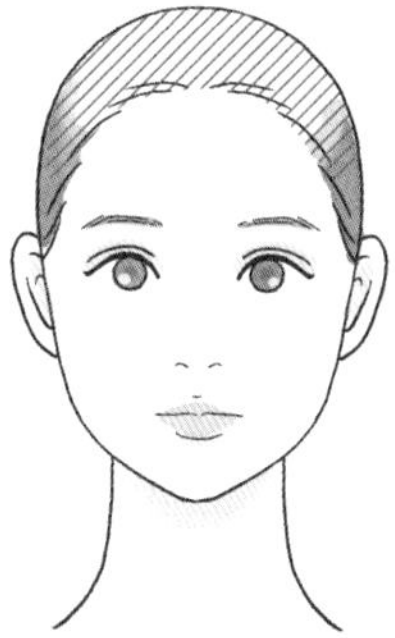

加齢による脱毛に似るが、30代くらいでみられる。原因不明に、長期にわたって頭全体に薄毛が進行する。

毛、ひげ、わき毛、陰毛などのほかの部位の毛が抜けたり、爪がへこんだように変形したりするという症状を伴う人もいます。

円形脱毛症のうちのほとんどは、半年から2年ほどかけて自然に治ります。治るとき、はじめに脱毛部分に白髪が生え、それから黒い髪に生え変わることがあります。治療は「塩化カルプロニウム」という皮膚を刺激する薬剤を塗る、セファランチンという植物由来の内服薬を飲むなどが一般的です。範囲が広くなってきた場合は、その部分に副腎皮質ホルモンの注射をうつと、拡大が止まって髪が生えてくることがあります。その他、かぶれを起こす薬剤をわざと塗って免疫反応を活性化する、紫外線を当てる、液体窒素で冷却するなど、さまざまな治療がおこなわれています。

漢方薬の「加味逍遥散《かみしょうようさん》」（便秘がちで生理前のイライラがある人に）、「柴胡加竜骨《さいこかりゅうこつ》牡蛎湯《ぼれいとう》」（ストレスが多く、イライラ、不眠などがある人に）、「半夏厚朴湯《はんげこうぼくとう》」（細かくてきまじめな性格の人に）などが有効なこともあります。漢方を扱う病院で相談してもよいですし、薬局で購入することもできます。

ごくまれに、円形脱毛から拡大して広範囲に髪が抜け落ちる人がいます。拡大していくときは、抜けた部分のまわりの髪をごく軽い力で引っぱると（牽引《けんいん》試験）、スルスルと抜けてしまう現象がみられます。このような場合は、急激に脱毛が広がる可能性があるので、副腎皮質ホルモンの内服薬などの強い薬を用いることがあります。

なお、ここに挙げた円形脱毛症の治療方法は、壮年性脱毛などのほかの薄毛に対しては効果がありません。

病後・産後の「急性休止期脱毛」

高熱を出したり大きい手術をしたりした1か月後くらいに急に髪が抜け落ちて、全体に減ることがあります。髪がいっせいに「休止期」に入るため、長い髪がたくさん抜けます（「急性休止期脱毛」とよばれます）。体調が回復するにつれて髪は元に戻ってきます。

病気以外にも、大きなストレス、極端なダイエットでもこのような急激な脱毛症を起こすことがあります。

産後にも「急性休止期脱毛」を起こすことがあります（個人差があります）。出産直後に髪がいっせいに「休止期」に入り、それらが徐々に抜けるため、1か月後くらいに抜け毛はピークになります。これは出産による急激なホルモンの変化によると考えられています。

4〜6か月ほどで髪は正常のサイクルに戻りますが、そこから「成長期」に戻って生えはじめても、もとの量に戻るまでには通常は1〜2年かかります。

まれにそこから壮年性脱毛（FAGA）に移行する人がいます。父親が男性型脱毛症（AGA）の人に多いといわれます。

貧血による薄毛

重度の貧血が続くと、髪が薄くなることがあります。髪が細くなったり少なくなったりし、皮膚や爪も薄くなることがあります。

貧血は、ひどくなると少し動いただけで動悸《どうき》や息切れがする、目の結膜や舌の赤みが薄くなる、体が冷えるなどの症状を伴います。

軽い貧血の場合は、自覚症状がないので健康診断で貧血（ヘモグロビン低下）を指摘されても放置している人が多いですが、貧血だと髪も肌も栄養不足になります。婦人科か内科で相談しましょう。

「甲状腺機能亢進症・低下症」による薄毛

「甲状腺《こうじょうせん》」という、のどぼとけの下の部分にある臓器から、甲状腺ホルモンが分泌されます。このホルモンが出すぎるのが「甲状腺機能亢進症《こうしんしょう》（バセドウ病）」、少なくなるのが「甲状腺機能低下症（橋本病）」です。

甲状腺機能亢進症では、代謝が活性化しすぎて、多汗症、動悸《どうき》などがあらわれます。頻度は1000人に1～3人程度です。

甲状腺機能低下症では、代謝が低下し、冷え、むくみ、倦怠感《けんたいかん》などが現れます。更年期近くの女性に多く、1割程度にみられます。男性はその20分の1程度です。

亢進症・低下症いずれの場合も、髪が薄くなることがあります。

甲状腺機能の異常に伴う薄毛では、「頭全体の毛が減っていく」という特徴があります。数か月間にわたって髪が減少し、さらに右記のような症状（動機、むくみ、倦怠感など）がある人は、血液検査を受けましょう。血液でホルモンの値を測ることで、診断できます。

甲状腺機能に異常がみられた場合、それを治療することで薄毛も改善します。

その他の、疾患に伴う薄毛

「膠原病」による薄毛

「膠原病《こうげんびょう》」は、「自己免疫疾患《しっかん》」といって、自分の体に対してアレルギーのような反応を起こしてしまう病気のことです。「リウマチ」「全身性エリテマトーデス」などの病気がこれに含まれます。

膠原病に薄毛を伴うことがあります。薄毛以外に、微熱、体重減少、光線過敏症、関節の痛みなど、人によって症状はさまざまです。

慢性びまん性休止期脱毛

肝臓や腎臓に病気がある場合、また糖尿病がある場合などに、徐々に髪が薄くなることがあり、「慢性びまん性休止期脱毛」ともよばれます。ただし、これらの病気の場合、ある程度病気が進行してから薄毛が現れてくるものです。抜け毛が増えたからすぐにこれらの病気を疑うというものではありません。

原因不明の「慢性休止期脱毛」

30代頃からみられることがあります。6か月以上、人によっては10年もの間、頭全体に薄毛が進行するもので、上記のような内臓疾患や栄養不良がなく、原因不明のものを指します。ＦＡＧＡと違って、軟毛が増えることはありません。

傷跡から毛が生えなくなる「瘢痕性脱毛症」

「瘢痕《はんこん》」とは「傷跡」という意味で、瘢痕やそれに似た組織ができてそこから毛が生えなくなることを「瘢痕性脱毛症」といいます。大きく分けて2種類あります。

●**続発性《ぞくはっせい》瘢痕性脱毛症**……頭皮に深いけがをしたり腫瘍《しゅよう》ができたりして、その部分の毛根が消失し、毛が生えなくなる状態。その部分のみに限局するもので、広がっていくことはない。

●**原発性《げんぱっせい》瘢痕性脱毛症**……まれな疾患。毛根に対する「Tリンパ球」の異常な反応が起こってその部分の毛が生えなくなる。「毛孔性扁平苔癬《もうこうせいへんぺいたいせん》」「慢性皮膚エリテマトーデス」などの疾患によるものがある。生え際の部分に帯状に発生したり、頭頂部に発生したりすることもある。確定診断をつけるためには、皮膚の一部を切除（生検）して顕微鏡的に見る必要がある。

column

髪にまつわる素朴な疑問③

Q.「毛穴に皮脂やフケがつまるから薄毛になる」って本当？

A.これは俗説です。

さまざまな薄毛についてご説明しましたが、そこからもわかるとおり、薄毛の原因は加齢もしくは頭皮・内臓などの疾患です。つまり、**薄毛は、毛根そのものの異常**によってもたらされます。

「皮脂やフケで毛穴がふさがれると髪が育たなくて薄毛になる」という記述が、よくネットなどにみられます。毛穴の出口がつまると、毛が伸びなくなるように思えるかもしれませんが、そういうことはありません。上にふたをしても、**毛根さえ生きていれば、毛は成長を続けます**。植物が石の下から芽を出すのと同じです。

したがって、毛穴の汚れや皮脂をとっても、薄毛が改善することはありません。

薄毛の改善のためにはまず、**薄毛の原因を診断し、それに合わせた治療をする**必要があります。

Q.「脂性肌だと薄毛になる」って本当？

A. 皮脂が多いために薄毛になることはありません。

薄毛にはさまざまな俗説や迷信があります。これもその一つです。

「ラットの皮膚に皮脂と同じ成分の油を塗ったら、その部分の毛が抜けた」という報告がありますが、人間の皮膚にそのままあてはめることはできません。

ただ、脂性肌の人は男性ホルモンが多めの人が多く、男性ホルモンが多いと壮年性脱毛になりやすいとはいえます。そのため、脂性肌の人が薄毛になりやすいような誤解が生まれるのかもしれません。しかし実際の壮年性脱毛は、脂性肌であるかよりも遺伝的な要素のほうが大きいようです。**皮脂のせいで髪が抜けることを心配する必要はありません**。

強く引っぱる髪型は、薄毛の原因になる？

頭皮を強く引っぱることによる「牽引性脱毛《けんいんせいだつもう》（機械性脱毛）」

ポニーテールなど、髪を強く引っぱって縛ることを続けると、「毛根《もうこん》」部分の血流が悪くなり、薄毛になることがあります。ヘアエクステンション（つけ毛）も、重さで引っぱられるため、使い方によってはこの脱毛の原因になることがあります。きつい三つ編みも同様です。

頭皮に負担がかかるヘアスタイルを日常的にしないこと、結い上げた場合は家に帰ったらすぐほどき、頭皮をマッサージするなどの工夫をしましょう。

毛根にかびが感染する「深在性頭部白癬《しんざいせいとうぶはくせん》（ケルスス禿瘡《とくそう》）」

水虫と同じ「かび」が頭皮に感染し、毛根まで侵入してしまうと、毛が抜けることがあります。円形脱毛のように髪が抜け、その部分の皮膚がフケのようにめくれたり赤くなったりします。ただし、頭皮は皮脂の抗菌力で守られているので、足ほど簡単に水虫に感染しません。戦後の日本には多くみられましたが、衛生状態のよい現在の日本では少なくなっています。

犬や猫が保菌している「Microsporum canis《ミクロスポルム・カニス》」というかびによる「白癬症《はくせんしょう》」があり、近年のペットブームによって若干報告が増えています。多くは拾ってきた猫からの感染ですが、なかにはペットショップで購入した猫からうつったケースもあります。

このかびに感染すると、頭だけでなく、体にも赤い斑点《はんてん》のような発疹《ほっしん》が出ます。猫も円形に脱毛することがあります。

抜くことをやめられない「抜毛症（トリコチロマニー）」

自分の毛を抜いてしまう病気で、約1％の人にみられるといわれます。小学生くらいで発症することもあります。いらいらしたり緊張したりしたときに、毛を抜くことで気持ちが落ち着くという、一種のメンタル的な問題ですが、他の精神疾患を伴うものではありません。普通に仕事をしている人や、有名人のなかにも抜毛症の人がいます。抜く部位は、髪の毛以外にも体毛、眉毛ということもあります。「本人は抜くことをやめようと試みるがなかなかやめられない」という難しい病気で、数年間、人によっては数十年も苦しめられることがあります。

治療は、認知行動療法（癖を自覚する、他の行動に置き換える）などがおこなわれます。精神安定剤などの薬は、必ずしも有効とはいえません。苦しい本人の気持ちを周囲が理解し、あせらず、じっくりと治療することが大切です。

column

男性の薄毛（壮年性脱毛＝ＡＧＡ）治療

●外用剤による治療……男性の薄毛では、女性と同様に「ミノキシジル」の外用がもっとも手軽で有効。ただし、心臓や血圧に異常がある人は、医師に相談してから開始を。「フィナステリド」外用もおこなわれる。

●内服治療……内服ではフィナステリドが主流である。男性ホルモンが毛根《もうこん》部分で活性化されることを防ぐ。「男性ホルモンが低下したり、性機能が減弱したりするのではないか」と心配する人がいるが、そのような症状は、フィナステリドを内服した人の1～6％に認められるものの、内服していない人とその発生率は変わらないといわれる。最近では、さらに作用の強い「デュタステリド」という成分の内服も使われている（いずれも医師の処方が必要であり、健康保険は適用されない。1か月4000円くらいから）。

●ケトコナゾール……かび（真菌）を殺す薬剤として、水虫などの治療に使われているが、男性ホルモンを抑制する作用もあることがわかっている。男性の薄毛治療をおこなうクリニックでは、外国製の「ケトコナゾール」を含むシャンプーを扱うところがあり、脂性肌の改善、フケやかゆみのほか、薄毛に対しても有効であるといわれる。ただし、ケトコナゾールだけで薄毛が改善することは少なく、ミノキシジル外用などと併用することがほとんどである。

●毛根移植……年齢を重ねた男性でも、後頭部の毛は薄くならない人がほとんど。それを利用して、後頭部の毛を前頭部に移植するという手術がおこなわれている。「自家毛移植」とよばれ、薄毛治療のガイドラインでも推奨されている。結果は良好だが、手術代は（健康保険の適用はないため）数十万円と高額。手順は、まず、後頭部の、髪が生えた部分の皮膚を（通常、指2～3本分くらいの面積で）切りとる。切ったところは縫合する。切った皮膚片から毛根を1本ずつ切り出し、特殊な針で薄毛の部分に刺し込む。数週間ほどで毛根は皮膚の中に定着し、そこから髪が伸びていく。定着してしまえば完全に自然な髪として成長し、ブローしてもパーマをかけても大丈夫。

つけ毛（ウィッグやヘアピース）って、どんなもの？

「隠す」以外にも、ウィッグをもっと楽しもう

雑誌や、誰かのヘアスタイルを見て、「素敵だけれど自分にはできない」と思うこと、誰でもありますね。髪質や髪の量が違う。きちんと自分でセットできるか、自信がない。仕事の関係などで、あまり派手なスタイルにはできない。そういう理由で、あきらめている人も多いでしょう。

そんなとき、ウィッグが夢をかなえてくれます。髪が薄くなってきた人はもちろん、そうでない人でも、ウィッグを使うことで、今までできないと思っていたヘアスタイルを実現できます。

髪の薄くなった部分を「隠す」という使い方だけでなく、もっとポジティブに、おしゃれの幅を広げるアイテムとしてウィッグを利用してみてはいかがでしょう。

服を着替えるように、髪を変えてみる。そこから、新しい自分を見つけることがで

きるかもしれません。ウィッグには、以下のような種類があります。

①サイズ……全頭タイプ（フルウィッグ）と部分使いタイプ（ヘアピース）

髪全体が薄くなった場合は「全頭タイプ」を。部分的に薄くなった場合や、おしゃれのために使いたい場合は「部分使いタイプ」をおもに使用します。

②毛のタイプ……「人毛」と「化学繊維毛」

人毛がよいというイメージが強いですが、一長一短があります。

●人毛……自然な質感で、自分の髪と見た目になじみやすい。欠点として、値段が高いこと、また、からみやすい、重さがある、などがあげられます。

●化学繊維毛（人工毛）……見た目は非常に人毛に近づいています。軽いことと、ウェーブなどの形がくずれにくいことがメリットです。欠点として、静電気が起きやすいことと、夏場には汗がこもって暑いと感じる人がいることがあげられます。

それぞれの欠点を補うために、毛をブレンドして使用することもあります。今の髪の状態はどうか、また、どういう髪形を望むかなどによって、「人毛20％と化学繊維毛80％」「人毛40％と化学繊維毛60％」などと配合を調整することで、暑さ・重さを軽減し、希望に合わせたヘアスタイルを作っていきます。

③頭に装着する部分

「ネットに毛を植えたもの」を頭にピンで留めるのが、ウィッグの基本の装着方法です。ネットの材質に幅があり、それでかなり使用感が異なります。通気性がよいもの、やわらかくフィットするもの、また、固定するピンが金属でなくやわらかい樹脂でできたものなどが考案されています。上から見たときの分け目を自然に見せるために、色や質感を皮膚に近づけた人工皮膚を貼ったネットもあります。

ウィッグの不安解消Q＆A

Q.見た目に不自然になったり、いかにも「つけています」となったりしない？

A.上手にフィッティングすれば、近くで見てもわかりません。髪の密度が多すぎたり、自分の髪質に合わなかったりすると、違和感が生じます。ウィッグは素敵なものがたくさんあるので、見ているとつい欲が出ますが、メイクと同じで、あくまでも控えめに使うことが成功の秘訣です。ネットの部分に人工皮膚が使われたものを選ぶのも重要なポイントです。

Q.値段が高いと聞きます。

A.値段はかなり幅があるので、シーンに合わせて使い分けましょう。

●遊びでつけるものは数千円から……ただし、この価格帯のものは、つけているということは見た目でわかります。ショートヘアの人がポニーテールにする、ストレートの人がウェーブヘアに見せる、また最近はやりの、部分的に金髪のメッシュをつけるものなどがあります。

●もう少しグレードの高い、おしゃれ用の部分へアピースは、数万円程度から……このレベルのものになると、装着部分には通常、人工皮膚が使われています。分け目の部分に少しつけるだけで、生えてきた根元の白髪を目立たなくしたり、ボリュームを出したり、ふんわりした前髪に見せたりなど、いろいろに楽しめます。表面の毛がうねる（アホ毛が出る）人などは、表面に小さめのヘアピースをのせることでカバーできます。

薄毛をカバーするのであれば、もう少し大きめのもので10万円くらいから……自分のベーシックなヘアスタイルに合わせてもよいですし、写真（次頁参照）にあるように、普段よりゴージャスな髪に見せることもできます。

より自然な仕上がりを目指すのであれば、オーダーを検討しましょう。セミオーダーは15万円くらいからです。

フルオーダーの場合は、30万円くらいから……頭を数十か所計測してピッタリ合ったものを作るので、製作期間が2〜6か月かかります。安いものではないですが、上手に使うことで美容室に行く回数を減らせたりなど、ほかの費用を軽減できることもあります。

Q.どのくらいもつの？

A.きちんとした品質のものは、毎日使ったとしても丁寧に扱えば3年くらい、それ以上もつこともあります。扱いが雑だと毛がからんだり抜けたりして、1年くらいで傷んでしまうこともあります。販売店によっては、抜けた部分に毛を足して補修してくれるところもあります。

Q.メンテナンスは？

A.軽くブラッシングしてほこりなどを落とし、帽子を保管するように形をととのえてしまっておきます。洗ったりドライヤーをかけたりすることはできません。購入したお店でクリーニングなどをしてくれるところもあります。静電気防止スプレーなどを使いたい場合は、ウィッグ専用のものを使いましょう。

Q.購入したウィッグの髪を切ってもう少し短くしたい。自分で切ったり、美容室で切ってもらったりしてもよい？

A.購入したお店でカットしてもらいましょう。ウィッグの多くは、人毛と化学繊維毛を混ぜて使用しています。それをカットするのは、普通の髪をカットするのと違う技術が必要です。

美容室で切っても、思ったとおりの形にならないことがあります。必ず、お店に相談しましょう。人毛100%のものは、染め直して色を変えることも可能です。

Q.どこで購入したらよい？

A.インターネットなどで店舗を探して足を運んでみましょう。丁寧にカウンセリングして希望を聞いてくれること、メンテナンスなどのアフターフォローがきちっとしていることが大切です。洋服などと同じで、きちんとフィッティングして購入する必要があるので、高額のものを求める場合は、インターネットなどで買うのではなく、必ず店舗に行って選びましょう。

Q.肌が弱いので、頭皮がかぶれたりしないか心配です。

A.ネットの部分は化学繊維でできているので、それで肌が負ける人の場合は、肌に触れる裏側の部分にコットンを貼る加工などができます。金属のピンでアレルギーを起こす人には、金属でないピンを使うこともできます。ウィッグを本当に必要とする人には、このようなさまざまな技術で対応してくれる業者もあります。

6章

カラーリングを極める
（おしゃれ染めと白髪染め）

カラー剤の種類はさまざまだけど、どう違う？

「髪のどこに着色するか」で、色のもちが変わる

髪の色を変える、白髪を隠すなどの目的で、さまざまなカラー剤が使われています。特徴を知って使い分けをしましょう。カラー剤は大きく分けて3種類。①シャンプーしても色落ちしない「**永久染毛剤**」、②繰り返し洗うと色が落ちていく「**半永久染毛料**」、③一度洗うと色が落ちる「**一時染毛料**」があります。

これらの違いを簡単にいうと、①「永久染毛剤」は、キューティクルの扉を開いて髪の内部に色素を閉じ込めるもの、②「半永久染毛料」は、表面のキューティクルに色素を吸着させるものです。ヘアマニキュアはキューティクルを開く作業をしないので髪を傷めず、そのかわり色が落ちやすくなります。③「一時染毛料」は、厳密にいうと染毛（着色）はしておらず、口紅を塗って唇に色をのせたようなものです。

図14 カラーリング（ヘアカラー）の種類

ダメージ 大

❶永久染毛剤

「酸化染毛剤」「ジアミン系」「ヘアダイ」ともいう

一般的なヘアカラー。色素を髪の「内部」にしっかり定着させるので、シャンプーしても色が抜けることはないが、染めるときに髪にダメージを与える。pH9～11のアルカリを使用するものが主流だが、最近ではダメージをおさえた酸性のもの（「酸性酸化染毛剤」とよばれる）も使われている。

染毛剤
（医薬部外品）

※「2剤」の過酸化水素濃度の高いもの（6%）と低いもの（2～3%）によってもダメージが違う。

❷半永久染毛料

「ヘアマニキュア」「酸性ヘアカラー」「カラーリンス」などがある

色素は髪の内部まで入らず「表面」に吸着する。シャンプーを繰り返すと色が落ちていく。色のもちがよくないこと、色のバリエーションが少ないことがデメリットだが、髪にやさしいので頻繁に使える。

染毛料
（化粧品）

※脱色はしないので、基本的にもとの髪色より明るい色にはならない。

❸一時染毛料

マスカラタイプ、ファンデーションのようなコンパクトタイプ、スプレーなどいろいろな形のものがある

メイクアップのように髪の表面をコーティングして色を付け、おもに白髪を隠すもの。一度洗うと色は落ち、髪へのダメージはほぼない。

ダメージ 小

薬事法上、医薬部外品に属するものを「染毛剤」、化粧品に含まれるものを「染毛料」という。

❶永久染毛剤（ヘアダイ）

もう少し詳しくみていきましょう。

ヘアカラーとして使われているものの80％は「永久染毛剤」です。美容室で使われるものも、ドラッグストアで売られる「ヘアカラー」や「白髪染め」とよばれるものも、ほとんどが「永久染毛剤」に属し、基本的な仕組みは同じです。永久染毛剤は、「1剤」と「2剤」のふたつで構成されます。

● **「1剤」……「酸化染料」という色素**。はじめは無色だが、使用時に「2剤」と混ざって酸化されると発色する。

● **「2剤」……「1剤」の色素を酸化して発色させる作用**と、もともとの**髪の色を脱色する作用**のふたつの作用をもつ。

使用直前に「1剤」と「2剤」を混ぜ合わせることで、反応が始まります。「1剤」には「アンモニア」などのアルカリ剤も含まれます。アルカリは髪を膨潤《ぼうじゅん》（ふやけたようにふくらむこと）させ、キューティクルを開きます。それによってキューティクルの間にすきまができ、色素が中に入り込んでしっかりと定着します。

ただし、この工程はどうしても髪にダメージを与えます。永久染毛剤（ヘアダイ）を使ったあとは、弱酸性のコンディショナーで髪のpHを「弱酸性」に戻しておく必要があります（市販のシャンプーやコンディショナーは「弱酸性」から「中性」）。

一般的には、明るい色に染めるものほど髪のダメージは大きくなります。

永久染毛剤として市販されているものには、おもに、「クリーム」と「ムース（泡）」があります。ムースはつけやすいですが、泡には空気が入っているので、髪に色素成分がいきわたりにくくなります。クリームのほうが密着するのでしっかり染まります。「全体を手早く染めたい」「あまりしっかり染まらなくてよい」という人はムースを、「根元をしっかり染めたい」という人はクリームを使うとよいでしょう。

美容室で髪を染めるときにカラー剤が皮膚につくと、あとでそこが茶色く着色してしまうので、専用の薬剤でふいて落としてくれることがありますが、その薬剤でかぶれてしまう人がいます。薬剤でふいてもらった場合は、それを水でふきとっておきましょう。

❷半永久染毛料

ヘアマニキュア

色素がキューティクルの内側に着色するものですが、洗うと少しずつ色が落ちていき、効果の持続は2～4週間ほどとなります。

メカニズムは以下のとおりです。まず有機酸を用いて髪を「pH2～4」の「酸性」にします。すると髪の内部に「＋《プラス》イオン」が増えます（※）。そこへ「－《マイナス》」の性質をもった色素を反応させると、「＋」と「－」がイオン結合して色素が定着します。色素は「赤色102号」「黒色401号」「紫401号」などが使われています。

ヘアマニキュアは**アルカリを使わないため、髪へのダメージがない**ということが最大のメリットです。デメリットは**持続が数週間**であることと、もとの色より明るくできないなど色の種類が少ないこと、施術のときに薬液が皮膚につくと色が落ちにくいことがあります。そのため根元のぎりぎりの部分を染めることが難しく、通常は頭皮から2㎜くらい離して塗布します。顔周りの生え際などの施術の際には、顔につかないように、とくに注意が必要です（ついた場合は何度か洗顔すれば落ちていきます）。

※髪は健康な状態（等電点付近）では「＋イオン」と「－イオン」がつりあっていますが、酸性になると「＋」が増え、アルカリ性になると「－」が増えます。また、ダメージヘアはアルカリ性になり「－」が増えます。

カラーリンス

リンスに、ヘアマニキュアに使われるのと似たような色素が入っています。表面に色素が吸着するイメージですが、染毛力は弱めです。白髪を黒くするというよりは、ぼかすことを目的とします。髪にダメージがある人のほうが、キューティクルがめくれた部分から色素が入りやすいため、染まりやすくなります。

❸一時染毛料

メイクアップのように髪の表面に色を塗って白髪を隠すものです。

最近では、黒い髪に一時的に赤や緑などの色をつけるものも売られています。

マスカラタイプ、スプレータイプ

まつ毛にマスカラを塗るのと同じように、乾くと表面で固まる性質をもちます。色素は「カーボンブラック」や「黒酸化チタン」などが用いられます。ヘアマニキュアと同じ「酸性染料」を配合して、若干色もちをよくしたものもあります。

ファンデーションタイプ

油分が多く、クリームに近いタイプ。ブラシでのせるようにつけます。乾かす手間がなくつけやすいですが、汗や水には強くありません。つけた部分を手でさわると、手に色がついてしまいます。

その他（植物染料「ヘナ」）

「ヘナ」（「ヘンナ」ともいう）は、ミソハギ科の植物の葉から得られる天然色素で、古代から使用されていたものです。ヘナだけでは淡い赤色にしか染まらないので、濃く染まるものは何らかのほかの色素も配合されています。

ヘナ配合のカラー剤でも、なかにはヘナだけでなくジアミン系色素（普通の永久染毛剤と同じ色素）を含んでいたものもあり、問題となったことがありました。

カラーリングによる髪の傷みを防ぐには？

永久染毛剤のダメージ成分は2種類

髪色を自由に変えるヘアカラー。しかし髪を傷めてしまっては、どんなに美しい色をつけても、美髪からは遠ざかってしまいます。

ヘアカラーが髪にダメージを与える仕組みを、今一度、整理しましょう。今はさまざまな、ダメージをおさえる工夫がなされたヘアカラーも使われているので、髪に合わせて選ぶことで、美髪をキープしながらヘアカラーを楽しめます。

永久染毛剤のおもなダメージ成分は、以下のふたつです。

①アルカリ成分（アンモニアなど）……「1剤」に含まれる

髪を染める際には、**キューティクルを開いて色素を髪の「内部」へ届ける**ために、アルカリ処理が必要になります。ただし、キューティクルを開くので、当然、中のタ

カラー

ンパク質が流れ出します。しっかりと色を定着させるためには必要なプロセスですが、ダメージヘアの場合は、アルカリ剤の濃度や使用時間に注意しましょう。

②酸化剤（過酸化水素）……「2剤」に含まれる

歯のホワイトニングにも使われていた成分。**もともとの髪色を「脱色」（＝ブリーチ）する作用と、カラー剤の色素を酸化して「発色」させる、ふたつの作用**をもつ重要な成分です（※）。ただし、この反応の際に酸素を発生し、髪内部のタンパク構造を壊してしまいます。

永久染毛剤に使われる過酸化水素は、製品によって「1〜6％」の幅があります。あまり脱色する必要がない場合（もとの自毛から色味を大きく変えることを望まない場合や、白髪を黒く染める場合など）は、**低濃度のものを使うことで、髪のダメージを軽くする**ことができます。

※「2剤」には脱色（ブリーチ）作用もあるということを、美容師さんでも知らない人がいます。脱色専用に使われる「ブリーチ剤」もありますが、そうでなくても、普通の永久染毛剤はある程度の脱色作用もあわせもちます（そうでないと、もとの髪色より明るくはなりません）。

アルカリのダメージをおさえた永久染毛剤もある

永久染毛剤（酸化染毛剤）は、前述したようにアルカリ性のものが主流なので「アルカリヘアカラー」ともよばれます（酸化の「酸」という文字を使いますが、アルカリ性であるところがややこしいかもしれません）。

しかし最近では、髪への負担を軽減するためにアルカリをおさえて作られた永久染毛剤もあり、「弱アルカリ」から「弱酸性」まで幅があります。ただし、アルカリをおさえることで染まりは弱くなるので、たとえば**白髪を少しぼかすなどの目的で使用**します。

とくに近年、弱酸性のものが「**酸性酸化染毛剤**」とよばれて人気ですが、これは「酸性ヘアカラー」（半永久染毛料）とは異なる点に注意しましょう。酸性ヘアカラーは、ヘアマニキュアなどの、永久ではない染毛料を指します。取りまちがいによるトラブルがときどきあるので気をつけましょう。

ヘアカラーの色が抜けてしまう（褪色）の理由はさまざま

永久染毛剤で染めても、時間がたつと色が抜けたり色味が変わったりすることがあります。これを「褪色《たいしょく》」（色が褪《あ》せること）といい、原因には以下のようなものがあります。

●**髪のダメージ**……ヘアカラーの色素は、髪の内部のタンパク質と永久的に結合していますが、ダメージヘアでは、内部のタンパク質そのものが流れ出します。すると当然、色素も一緒に流れ出し、色が落ちてしまいます。洗って乾かす、セットするなどの普段のケアのなかでダメージを与えない工夫が必要です。

●**パーマ**……7章で後述しますが、パーマの「1剤」（還元剤）は、色素を分解する作用があります。「2剤」である程度、元に戻せますが、完全には戻らないことがあります。また、ほとんどのパーマはアルカリを使うので、髪にダメージを与えて褪色を起こしやすくなります。

●**プールの消毒に使われる塩素**……塩素はアルカリなので、褪色の原因になります。

●紫外線……キューティクルを傷めてダメージを招き、色素を破壊してしまいます。

ヘアカラーの褪色をおさえるための工夫

①色味の選び方

明るい色に染めるほど、時間とともに褪色しやすくなります。これはカラー剤にもともと含まれる色素の量が少ないためです。ヘアカラーの明るさレベルは「1」～「20」の数字で表され、数字が大きいほど明るい色になります（詳しくは次頁のコラムを参照）。

色を選ぶときに、レベル「8」くらいまでにおさえておくと、時間がたってもキープされやすくなります。最近人気の、アッシュ系、マット系とよばれるカラーは、残念ながら褪色しやすい傾向にあります。

②髪のダメージレベルに合わせた色選び

すでにダメージを受けた髪では、色のもちは悪くなります。今のダメージレベルにあわせた色選びを、美容師さんに相談してみましょう。最近では、美容師さんのなかでもヘアカラーを専門的に扱う「カラーリスト」も増えています。

column

ヘアカラーの明るさレベル

ヘアカラーの明るさレベルは、「1」～「20」の数値で示され、日本ヘアカラー協会JHCAがカラー見本を作成しています。「1」は黒で、「20」は白、数値が大きいほど明るい色になります。日本人の自毛はもともと「4」～「6」といわれます。実際にヘアカラーとして使われるのは「5」～「15」で、おおよその目安は以下のとおりです。

●**会社員など、あまり明るい色にできない人**……レベル「5」～「7」。「ダークトーン」とよばれる領域で、室内では黒に近く見えるが、日光が当たると微妙に明るく見える。企業では「7まで」と規定しているところが多い。

●**アパレルや飲食業の人など髪色がある程度自由な人**……レベル「8」～「11」くらいまで。室内でも染めていることがわかる。「ミディアムトーン」とよばれる領域。

●**美容師・芸能関係など**……レベル「12」～「15」。

ヘアカラーによる頭皮のトラブルを防ぐには？

ヘアカラーによる「かぶれ」に注意

永久染毛剤によるアレルギーを起こして、頭皮がただれてしまう人がいます。

酸化染料の「**パラフェニレンジアミン**」という物質がアレルギーを起こしやすいことが知られています。これを含むものを「**ジアミン系ヘアカラー**」ともいい、アレルギー体質の人は注意が必要です（**永久染毛剤は、基本的にみなジアミン系**です。ちなみにジアミン染料は、バッグや靴などの皮革を染めるときにも使われています）。

「ヘアカラーをしたあとに頭皮が赤くなった」「かゆみが数日間続いた」「フケがたくさん出た」などの場合は、アレルギーが疑われます。

一度でもアレルギーを起こした人は、ジアミン系ヘアカラーすなわち永久染毛剤の使用はやめて、ヘアマニキュアかカラーリンスに変更しましょう。

自分がアレルギーかどうか判断に迷う場合は皮膚科を受診し、アレルギーテストを受けましょう。ヘアカラーのアレルギーは、日本で年間２００件ほど起きています。ときには非常に重症になり、目があかないほど顔まで腫《は》れたり、全身におよぶアレルギー症状をおこしたりして入院が必要になる場合もあります。

ヘアカラーのパッチテスト

永久染毛剤を使用する場合は、美容室で受ける場合も自分で染める場合も、あらかじめパッチテストをすることが推奨されています。

パッチテストの手順

①ヘアカラーの「1剤」と「2剤」を半々で混ぜ合わせる。
②腕の内側に10円玉大に塗る。
③30分そのままおいて乾かし、皮膚に赤みなどの異変があらわれないか確認する。
④2日間、その部分を濡《ぬ》らさないようにする。上からガーゼや絆創膏《ばんそうこう》を貼ることはしないで、塗った部分はそのままにしておく（※）。

⑤48時間後に、その部分の皮膚が赤くなったりしないかを確認する（48時間が経過する前でも、異変が現れたら洗い流す）。

塗った部分の皮膚に赤くなるなどの異変が現れたときには、ヘアカラーは使用できません。永久染毛剤は市販のものも美容室で使われるものもほとんどが「ジアミン系」であり、どれかひとつにアレルギーを起こすと、永久染毛剤は使えなくなるので、ヘアマニキュアなどへの変更が必要です。

※パッチテストには、いくつかの種類があります。ヘアカラーのパッチテストは「オープンパッチテスト」といって、薬剤を塗った部分の皮膚を乾かしてそのまま放置します。これに対して、塗った部分を上から専用のテープでふさぐタイプを「クローズドパッチテスト」といいます。元来オープンでおこなうパッチテストを、クローズドにしてはいけません。クローズドにすると、薬剤が皮膚により深く浸透するため、反応が強くなりすぎます。強い反応を起こすと、塗った部分の皮膚に「水疱」などが現れることがあります。その場合は皮膚科を受診しましょう。

いつでも誰でも、アレルギーになる可能性がある

このパッチテストはヘアカラーをおこなう際には毎回おこなうこととされています

カラー

が、実際におこなっている人は10％ほどといわれます。

パッチテストの結果は、厳密には自分で判断することが難しい場合があるので、迷うときは皮膚科で検査を受けることもできます（そのような検査をおこなっていない皮膚科もあるので、検査ができるか電話などで問い合わせてから受診しましょう）。

「なぜヘアカラーのたびに毎回パッチテストが必要なの？」と疑問に思う人もいるでしょう。**アレルギーは生まれつきの体質ではなく、いつでも誰でも起こす可能性があるのです**。今アレルギーがない人でも、突然、食物アレルギーや花粉症などを発症する可能性はあります。

ヘアカラーのアレルギーも同様で、いつ発症するかわからないので、今まで一度もかぶれたことがなくても、次に染めたときにかぶれる可能性はゼロではありません。

アレルギーというものについて少し詳しく知りましょう。

何かの物質が体内に入って、それを体が拒否して攻撃してしまうのがアレルギーです。ヘアカラーなどの薬剤のアレルギーも、卵アレルギーなどの食物アレルギーも、花粉症も同様です。さまざまな物質が毎日体内に入ってくるなかで、なぜ特定の物質を攻撃しはじめてしまうのか、また、なぜ害のない物質でも攻撃してしまうのかはわかっていません。

こうしてアレルギー反応を起こすようになった場合、**その原因となる物質を「アレルゲン」といいます**。一度攻撃のスイッチが入ると、アレルゲンが体内に入るたびにアレルギー反応を起こし、スイッチを切ることはなかなかできません。皮膚が赤く腫れたりかゆみが出たりという、さまざまなアレルギー症状が引き起こされます。

皮膚が乾燥するとアレルギーを引き起こす

最近のアレルギーに関する研究によると、とくに**「皮膚から」吸収されるものを体は敵とみなして攻撃しやすい**ことがわかっています。

たとえば花粉は粒子が細かいので、皮膚に付着して一部が皮膚の中に入ってしまいます。アクセサリーの金属は汗で溶けてイオンになると皮膚から吸収されていきます。

こうして皮膚から入った物質はアレルギーの標的にされやすいのです。食物アレルギーも、顔や手で触れて皮膚から吸収することで「アレルゲン」として認識され、食べたときにアレルギー症状を起こすようになるといわれます。

本来、皮膚には「バリア機能」があって、触れたものが何でも中に入ってくるわけではないのですが、**皮膚が乾燥して表面のバリア機能が低下すると、触れたものが侵入しやすくなります**。

したがって、**アレルギーを起こさないためには、日ごろのスキンケアが大切**です。

体を洗いすぎたり保湿を怠ったりすると、皮膚が乾燥し、バリアが低下します。「たっぷりのボディソープと硬いナイロンタオルで体をごしごし洗い、クリームも塗らずに洗いっぱなし」という人はいませんか？　冬場になると腕や背中などあちこちがかゆいという症状が出ているなら、皮膚のバリア機能が低下しているサインです。

そういう人は、固形石鹸《せっけん》と柔らかいタオルにかえて、やさしく洗い、入浴後は保湿クリームを塗りましょう（※）。保湿クリームは市販のボディクリームのなかから好みで選んでＯＫです。

頭皮についていうと、シャンプーやドライヤーなどの毎日のケアをやさしくおこなうことが大切です。**頭皮が乾燥すると、毛染めのときにカラー剤が皮膚から入り込んでしまい、アレルギーを起こしやすくなります**（ヘアカラーはなるべく頭皮につけないようにおこなうものですが、気をつけても多少は頭皮につくことがあり、また、すすぎのときにも頭皮につきやすくなります）。頭皮ケアは3章を参照してください。

※一般的に、液体のボディソープより固形石鹸のほうが肌に負担をかけません。理由のひとつは洗浄成分の違い。ボディソープはさっと落とすために洗浄力が強いものが多いのです。もうひとつの理由は、使用量の問題。ボディソープはポンプを押すとたくさん出て、多量に使う人が多いのです。ボディソープのほうが固形石鹸より平均20倍以上多くの洗浄成分を使っているといわれます。
肌が乾燥しやすい人は、固形石鹸を使いましょう。固形石鹸は、昔からある「浴用石鹸」がベストです。顔を洗うときも洗顔フォームより固形石鹸のほうがよいですが、浴用でなく洗顔用を使いましょう（顔と体は皮膚の厚さが違います。浴用石鹸は基本的にボディ用として作られており、洗顔用の石鹸のほうがマイルドに作られています）。

白髪はなぜ生える？　白髪をなくす方法はある？

白髪治療はまだまだ未開

40代から、白髪の悩みは急増します。

しかし、白髪については不明な部分が多く、現状、白髪を黒髪に戻す方法はありません。白髪の原因は、薄毛の原因よりも解明されていないのです。

白髪は、早い人だと10代でも生えはじめることがあり、30代までに目立ってくるのを「若白髪《わかしらが》」といいます。若白髪は遺伝的な要素が大きいといわれます。

40代になると多くの人で白髪が目立ってきますが、なかには50代でも目立たない人もいて、かなりばらつきがあります。その理由はわかっていません。

毛球《もうきゅう》部分に「**メラノサイト**」（「メラニン」を作る細胞）があり、そこで作られたメラニンが毛髪に受け渡されて髪は黒くなります。

なんらかの原因でメラニンが作られなくなったり、うまく受け渡されなくなったりすることで白髪になります。しかし残念ながら、なぜそうなるのか、あまりわかっていません。

白髪ができるときに関わる遺伝子は見つかってきており、白髪を防ぐ解決の糸口になるのではないかと期待されていますが、その遺伝子を治療する方法はまだわかっていません。

つまり、白髪を治したり減らしたりすることは、現代の科学をもってしてもできません。残念ながら、「染める」という選択肢になります。

なお、「メラニン」＝「黒色」と思っている人が多いですが、メラニンには種類があります。「ユーメラニン」は黒く、「フェオメラニン」は黄赤色をしています。

「ユーメラニン」を多くもつと黒髪になり、「フェオメラニン」が多いと赤毛になり、両者ともをごくわずかにもつ髪は金髪となります。

金髪の人も加齢とともに白髪になりますが、黒髪の人ほど目立ちません。

column

髪にまつわる素朴な疑問④

Q.白髪を抜くと増えるって本当?

A.「白髪を1本抜くと3本生える」などとよくいわれますが、それは俗説で、抜くから増えるということはありません。現れはじめると、抜いてしまう人が多いですが、そうするうちに年齢とともに白髪は増えていくので、「抜いたから増えた」というふうに見えることはあるかもしれません。

Q.ストレスで白髪が急に増えるって本当?

A.「一晩で髪が真っ白になる」などの話もあるようですが、そういうことは医学的にはありません。ストレスが白髪に影響するかどうかは、よくわかっていません。忙しかったり大きな病気をしたりして、髪を染める時間がとれなかった人では、会うと急に白髪が増えたように見えることはあるでしょう。

ダメージを防ぎながら白髪を染めるには？

白髪をブラウンに染めるときの工夫

白髪はパサつきやすいので、染める際に工夫が必要です。

①白髪がまだ少ない人は、あまり明るい色にせず、暗めの色を選ぶ

「黒髪が多く白髪はまだ一部」という人は、あまり明るい色にすると、黒髪の部分を漂白するときにダメージを与えてしまうので、暗めの色にしておきましょう。**エイジングヘアは傷みやすい**ので、配慮が必要です。

ただし、白髪が半分以上になってきたら、逆に明るくすることも可能です。もともと白い部分が多ければ、明るい色を入れてもダメージは少ないからです。髪全体を明るめの色にしておいたほうが、根元から白髪が出てきたときに目立たないというメリットもあります。

②色の変化を計算する

白髪部分はもとの黒さがないため、明るく発色します。

とくに**白髪が髪全体の30％を超える人では、明るめの仕上がりになりがち**です。全体をブラウンで染めても、白髪の部分だけ赤っぽく見えてしまうことがあるので、そこを計算して暗めのブラウンを選択しておくのもひとつの手です。

また、ダメージを受けた髪は、キューティクルのすきまから色素が抜けて、きちんとブラウンに染めても時間がたつと赤っぽくなります。

「長い髪では毛先がダメージヘアになりやすい」「顔周りにレイヤーを入れたり頻繁にアイロン仕上げをしたりしていると、そこも傷みやすい」ということは、よく経験されます。そういう人では、根元の髪は色が暗く、ダメージを受けた部分の色だけ明るく見えるなどの色むらが出てしまう場合があります。

その場合は美容室で相談し、ダメージが少ないカラー剤で、明るくなりすぎた部分に色を足してもらいましょう。

③リタッチの際の工夫

全体をブラウンに染めた髪の根元に白髪が出てきて、リタッチをする場合。

根元はある程度黒い髪があるので、そこは漂白処理をしてブラウンにする必要がありますが、根元以外は一度漂白しているのでさらに漂白する必要はありません。ブラウンが抜けたところに色素を足す程度で十分です。

したがって、根元の部分は「過酸化水素」を6％含む「2剤」を用い、**根元以外には低濃度のもの**（サロン用は2.4％）**を選択する**というやり方があります。これはサロンでやってもらうことになるので、美容師さんに相談しましょう。

根元と毛先との色の差があまり気にならない場合には、リタッチの際には根元だけを染めて、そこから先は染めないという方法もあります。

④市販のヘアカラーを極力避ける

市販のヘアカラーは「2剤」の濃度が高めになっています（ほとんどのものが6％）。

「2剤」は髪のメラニンを漂白する作用をもちますが、それをもとの髪の色やダメージ具合に合わせて調節して使うことが一般の人には難しいため、誰でもしっかり染められるように「2剤」の漂白力を強くしてあるのです。

したがって、市販のものではダメージをおさえるという工夫ができません。美容室にまかせたほうが、ダメージは少なくすみます。

もし頻繁に美容室に行くことが難しくて、根元の白髪が気になってきた場合は、まずは「一時染毛料」でごまかすか、市販のヘアマニキュア、カラーリンスなどを試すほうがよいでしょう。どうしても市販の「永久染毛剤」で自分で染めたい場合は、頭頂部の分け目の部分だけにとどめたほうが無難です。

⑤カラー剤に詳しいサロンで施術を受ける

美容室で使われるカラー剤には、ダメージをおさえるためにトリートメント成分を配合したものなど、さまざまなものが登場しています。年齢を重ねても髪のおしゃれを楽しみたい女性が増えたため、そのニーズにこたえるべく、各メーカーが新しいものを開発しているのです。

自分の髪の状態をよく見てもらい、ダメージの少ないカラー剤を選択してもらうことが大切です。

当然、美容師さんによって、そのような知識が豊富な人とそうでない人の差があり

図15 エイジングヘアの悩み解消8箇条

❶ 負担のないヘアケアにシフトする

細く弱くなる髪にあわせて、負担を減らす(シャンプーを変える、ドライヤーの当て方を工夫するなど)。

❷ カラーリングの工夫

アルカリの強くないものや「2剤」の濃度をおさえたものなどが今は開発されている。また市販のカラー剤を頻繁に使わないこと。

❸ 薄毛になってきたら育毛剤を試す

市販品ではなかなか改善しない場合は、育毛剤を扱う皮膚科で、医療用の育毛剤を購入する。

❹ 頭皮マッサージをする

頭皮が硬くなると、健康な髪が育たない。指でつかむようにもみほぐす、マッサージ器を試すなど。

❺ カットの工夫

髪のボリュームが少なくなってきたら、カットを工夫してボリューム感を出すよう美容室で相談する。

❻ 髪に合うシャンプーを選ぶ

うねりなども出やすくなるので、髪質に合ったシャンプーやコンディショナーをよく探す。

❼ 体の中から改善する

ダメージヘアの対策と同様、タンパク質をとる。早寝早起きをする。貧血がある人は、婦人科か内科を受診する。

❽ ウィッグやヘアピースを使用する

無理に自毛にこだわらず、これらの使用も検討すると、ヘアスタイルの幅は広がる。

ます。またサロンによって、常に新しい製品を試して、よいものをそろえているところと、そうでないところがあります。

ダメージヘアに悩む人は、まずはネットの口コミなどを参考にサロンを選び、相談してみましょう。病院で医師に相談するのと同じで、**悩みをきちんと聞いて分析し、的確なアドバイスをくれる人が、信頼できる美容師さん**です。

7章

ダメージをおさえて
パーマを楽しむ

どうしてパーマは髪にダメージを与えるのか？

パーマはタンパク質の「結合」を変える

まっすぐな髪をカールさせたり、反対にうねった髪をまっすぐにしたり。髪の形を自由に変えるのがパーマです。

これまで述べてきたように、髪はナイロン糸などと違って、内部につまったタンパク質が、複雑な立体構造を作り上げています。

パーマでは、**髪内部の立体構造のネジを一度はずしてばらばらにして、再度ネジをとめて形を作ります**。ただし、髪の外側は硬いキューティクルのうろこでおおわれているので、ネジをはずすためにはまずそこをゆるめて内部にアプローチする必要があります。

髪をアルカリにするとキューティクルが開くので、その性質を利用して扉を開きます。**パーマ剤の「1剤」（還元剤）**を内部に侵入させてタンパク質の結合をいったんはずし、**「2剤」（酸化剤）**で再結合させます。

その際に、髪の中をうめつくしているタンパク質や脂質が多少は流れ出てしまうので、ある程度のダメージは避けられません。しかし最近では、ダメージをおさえるために工夫した新しい手法が生まれています。

パーマの化学——こうして形が維持される

髪のタンパク質には、いくつかの「化学的結合」があります。なかでも**「シスチン結合」**（「S－S結合」「ジスルフィド結合」ともいう）**という強い結合**があります。髪の内部をタンパク質の線維《せんい》が縦に走り、その線維どうしをシスチン結合がネジ止めしたような状態です。

パーマをかけるときは、まず「1剤」でこの結合を切断し、カールなどの好みの形を作った状態で、「2剤」で再結合します。これによって、形が維持される仕組みです。

パーマとは「**パーマネント・ウェーブ**」のことで、「永久的なウェーブ」という意味です。ブローでセットしたウェーブなどは、シスチン結合でなく「水素結合」を変えることで形を作っていますが、これは永久的ではなく、洗うとくずれてしまいます。

パーマ液は「1剤」も「2剤」も今はいろいろなメーカーから多様な薬剤が出てお り、美容師さんも選択に苦慮する時代です。

おもなものは【図16】のとおり。このように、パーマ剤には種類があります。また、パーマの施術中に加熱をしたりスチームを当てたりなどのさまざまな手法も用いられており、結果として無数のパーマ方法が生まれています。

パーマによるカラーの褪色に注意

カラーをしてからパーマをかけると、カラーの色が落ちたり色味が変わったりしてしまうことがあります。これは「褪色《たいしょく》」（色が褪《あ》せること）といい、カラーの色素がパーマの薬剤で壊れたり流れ出たりするために起こる現象です。

なお、美容室において、パーマとカラーを同じ日に施術することは法的に禁じられ

図16 パーマ剤のさまざまな種類とはたらき

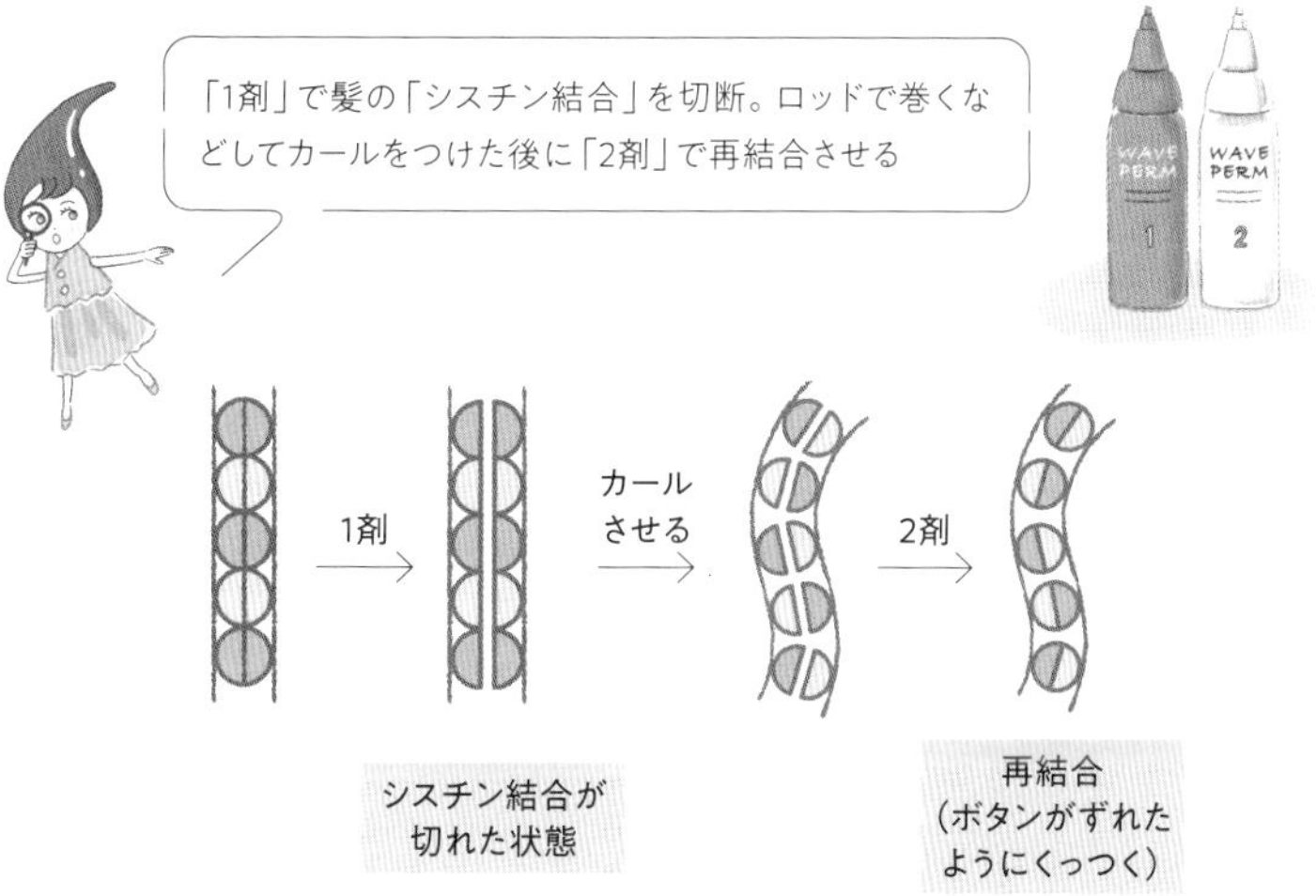

「1剤」で髪の「シスチン結合」を切断。ロッドで巻くなどしてカールをつけた後に「2剤」で再結合させる
WAVE PERM 1
WAVE PERM 2
1剤
カール させる
2剤
シスチン結合が切れた状態
再結合 (ボタンがずれたようにくっつく)

パーマ剤の「1剤」(還元剤)

髪のタンパク質の「シスチン結合」を切るもの。主成分として「チオ系」と「シス系」の2種類がある。このほかに1剤は「アルカリ成分」を含む。

●チオグリコール酸系(チオ系)
パーマのかかりが「シス系」よりも比較的強く、パーマ剤の主流となっている。

●システィン系(シス系)
「チオ系」よりおだやかな分、パーマのかかりは弱め。最近ではカーリング料が登場したため、あまり使われなくなっている。

●アルカリ成分
髪をアルカリ性にしてキューティクルを開き、パーマのかかりをよくする。おもなものに「アンモニア」「炭酸ナトリウム」「モノエタノールアミン」など。

パーマ剤の「2剤」(酸化剤)

おもに「過酸化水素系」と「臭素酸系」の2種類がある。

●過酸化水素系
酸化作用は強い。放置時間は5~10分。やわらかい質感のカールに仕上がる。

●臭素酸系
酸化作用はおだやか。放置時間は10~15分と長め。しっかりとしたキレのあるカールに仕上がるが、ヘアカラーをしている髪に施術すると色が抜けやすい。

ています。パーマ剤もカラー剤も「医薬部外品」であり、それらを同時に使うことは、髪に予期せぬダメージを与える可能性があるためNGとされているのです。「パーマとカラーの間隔は1週間あけること」と定められています。

ただし、後述する**「カーリング料」（コスメパーマ）を用いれば、同日に施術することが可能となります**。カーリング料は「化粧品」扱いとなるためです。

パーマとカラーを両方楽しみたい人は、**パーマを先にするのが大原則**です。

また、間の日数をなるべくあけること、ダメージの少ない施術方法を選ぶことなども重要です。

ただし、コスメパーマやその他ダメージの少ない方法を選んだとしても、パーマとカラーの相性はよいとはいえません。パーマはカラーの色を壊し、カラーはパーマのもちを悪くします。ダメージの蓄積も避けられません。そこは理解したうえで施術を受けましょう。

column

ヘアカラーの褪色とパーマの関係（プロ向けのお話）

パーマによるヘアカラーの褪色の程度は、パーマ剤の成分によっても変わってきます。

●パーマの「1剤」（還元剤）……チオ系のほうがシス系よりも褪色が大きい。
●アルカリ成分……モノエタノールアミンのほうがアンモニアより褪色が大きい。
●pH……パーマの「1剤」のpHが低い（アルカリ度が低い）ほうが褪色が大きい。
●パーマの「2剤」（酸化剤）……臭素酸系のほうが過酸化水素よりも褪色が大きい。

パーマの「1剤」で一度色素は分解され、「2剤」で元に戻ります。したがって、「2剤」をきちんと髪に浸透させてからすすがないと、褪色が大きくなります。

パーマのロッドが重なった部分には「2剤」が浸透しないことがあるので、ロッドをはずしたときに「2剤」を再度しっかり塗布してからすすぐなどの工夫で、褪色をおさえることができます。

カラーの種類でいうと、アッシュ系やマット系は褪色しやすい色です。

パーマの種類、いろいろあるけど、どう違う？

加熱の仕方によって仕上がりが変わる

薬剤だけでなく、加熱によってかかりの強さを調整し、仕上がりに「くるくる」「ふわふわ」などのバリエーションをもたせます。

コールドパーマ

もっとも普通のパーマ。施術時間が短いので価格もおさえめ。もちは2〜3か月。コールドパーマは、髪を乾かすだけではきれいなカールにはならないので、自分である程度セットすることが必要です。

濡《ぬ》れた状態ではくるくる感が強く出て、乾くとカールがゆるくなる。その性質を利用し、ワックスやムースをつけていろいろなスタイルを作ることもできます。

デジタルパーマ

ロッド（巻き髪用の棒）の1本1本に電熱を通して、加熱しながらかけるパーマ（頭の上で丸い電熱がまわるものとは違う）。本来は80度以上に加熱しますが、最近では50度くらいの低温でかけるものなど、さまざまな加熱マシンが登場しています。

かなりかかりづらい髪質でもしっかりパーマがかかります（縮毛矯正したあとの髪でもかかることがある）。ただし、施術による髪へのダメージは一般的にコールドパーマより大きく（※）、かかりすぎるとチリチリになってしまうことも。

カールの持続は5～6か月と長め。セットしなくても、洗ったあとに乾かすだけで、ヘアアイロン（こて）で巻いたようなつやのあるカールがしっかりできます。

コールドパーマと逆で、濡れているとカールは出づらく、髪が乾くとはっきり出ます。セミロングの半カールや、ロングヘアの毛先だけのカールなどに向いている。施術時間は3時間と長いので、値段も高めです。

※加熱するとパーマはかかりやすくなるので、そこを利用して、弱いパーマ剤を使ってダメージをおさえてデジタルパーマをかける方法を取り入れているサロンもある。

パーマ

エアウェーブ

約50度という低温で加熱しながらかけるパーマ。ロッドを加熱するのではなく、大きな風船のようなものをかぶって温風を送ることで加熱します。ダメージをおさえながら、かかりづらい「ねこっ毛」の人でもかけることができます。

施術時間が3時間と長く、値段もコールドパーマより高め。もちは4～5か月。かかりは軽めなので、しっかりとしたカールは作れません。外国人風の無造作なフワフワなスタイルにしたい人に向いています。

コスメパーマ（カーリング）

通常のパーマ液は「医薬部外品」ですが、弱めの成分を用いることで「化粧品」として扱われるものを「カーリング料」、それを用いた施術を一般に「コスメパーマ」もしくは「カーリング」とよびます。

パーマ剤の「1剤」で還元してシスチン結合を切り、「2剤」で酸化して再結合するという工程は同じ。かかり具合は弱めになるので、ねこっ毛や太く硬い髪などパーマがかかりにくい髪質の人には不向きです。カーリングとは「カールする」という意味。カラーリングと似ているので混同しないよう注意が必要です。

カーリング料を使ってデジタルパーマの器械で加熱してパーマをかけることで、かかりを強めることもできます。

クリープパーマ

パーマ剤の「1剤」と「2剤」の間に、髪を一度洗って乾かす手法。それによって髪のダメージをやわらげることができますが、かかりは若干弱くなります。「クリープ」とは「ゆっくりと進む」という意味。髪にやさしいパーマの主流となっていますが、工程が複雑で時間がかかるため、値段は若干高めです。

水パーマ（スチームパーマ）

スチームを当てることでキューティクルを開いてパーマをかけるもの。施術時間が短い、ダメージが少ないなどがメリットです。

デメリットとして、かかりは弱めになるため、もちが短い、硬い髪やくせ毛にはかかりにくい、などがあります。細い髪を「ゆるふわ」にしたい人向きです。

縮毛矯正

パーマ剤を塗布した髪を、アイロンで加熱しながら伸ばしてまっすぐにする手法。ちなみに「ストレートパーマ」は加熱せず、くしで伸ばすだけでまっすぐにするもの。縮毛矯正は、美容室でおこなわれる施術のうちでもっとも難易度が高く、また髪への負担も大きめ。強いダメージを起こすと、根元から切れ毛になって、髪全体が減ったような状態になることも（生えかわるまで直らない）。

パーマのかかり具合に影響するもの

さまざまな因子がパーマのかかり具合に影響を与えます。

①パーマ剤の強さ……「1剤」「2剤」に配合される薬剤の種類や濃度、アルカリ度（pHの高さ）など。
②放置時間……「1剤」の放置時間が長いと、かかりは強くなる。
③加熱……「2剤」を塗った状態で加熱すると、かかりは強くなる。

④髪質……細い髪はかかりやすいがとれやすい傾向がある。また、ダメージヘアのほうがかかりやすいが（キューティクルがもともと開いているため）、パーマによってさらにダメージが加わると、きれいなカールが出ずにチリチリになることもある。

①〜④の要素が複雑に影響しあって仕上がりが決まります。これらを計算して仕上がりを予測すること、また髪のダメージ具合を診断すること、美容師さんにはこれらの力量が求められます。

column

カーリング（コスメパーマ）は、パーマよりダメージが少ない？

パーマ剤よりも成分の濃度を低めにした「カーリング料」は、「化粧品」として扱われます。これを用いた施術は原則的に「パーマ」「ウェーブ」などとはよびません。

しかし実際の美容室のメニューでは、わかりづらいためカーリングのことを「コスメパーマ」

とよぶことが多いようです（「化粧品のパーマ」という意味）。

コスメパーマの働きは、基本的に通常のパーマと同じで、「1剤」（還元剤）でシスチン結合を切断し、「2剤」（酸化剤）で再結合して形を作ります。「1剤」はおもに「亜硫酸ナトリウム」「システアミン」「チオグリコール酸」（※）など、「2剤」はおもに「臭素酸ナトリウム」などの成分を含みます。

コスメパーマは一般的に「1剤」の作用がパーマ剤よりも弱めです。その作用を高めるために、洗い流したあとに加熱する方法（「デジタルコスメパーマ」という）もとられています。

先述したコラムにあるように（P．93参照）、カーリング料は化粧品なので「1剤」の還元剤の制限はありますが、それでもある意味、通常のパーマ剤よりも自由に設計できるものになっています。したがって、**カーリング料のほうがパーマ剤よりも絶対にマイルドであるとはいいきれません。**パーマ剤の「2剤」には「過酸化水素」が用いられますが、化粧品ではこれを使うことは認められていないため、カーリング料の「2剤」には、代用として「臭素酸ナトリウム」が使われています。

※コスメパーマの「1剤」にも、通常のパーマ剤（医薬部外品）に使われるのと同じ「チオ系」や「システイン系」薬剤が配合されています。ただし、これらは「合計（チオグリコール酸換算）で2％未満」と定められています。

8章

もっと知りたい「あの毛」のこと

ムダ毛はどう処理したらいい？

肌を傷つけないムダ毛処理のポイント

腕や脚など、露出する部分の毛は、気になる人が多いよう。今は「デリケートゾーン」も含めた全身脱毛をする人も増えており、また、男性でもひげや脚などの脱毛をすることが一般化しています。

皮膚を傷つけないようにおこなえば、毛をなくすこと自体は皮膚や体に悪いことではありません。自分で処理する場合と、医療機関などで永久脱毛をする場合の注意点をみてみましょう。

自分で処理する場合❶「剃る」

もっとも手軽で一般的な方法です。ただし、刃物を当てるので、やり方によっては肌に小さな傷がついたり、そこから「カミソリ負け」を起こしたりします。肌の表面は見えない凹凸があるので、無理に剃ると皮膚の一部もそぎとってしまいます。

自分で剃るときに気をつけること

①質のよいカミソリを使う。

電気シェーバーがもっともやさしいですが、カミソリを使う場合は、「三枚刃」など複数の刃がついたもののほうが、圧が分散して安全です。**刃をまめにかえる**ことも必要です（両腕両足を剃ったら刃を替えましょう）。

②肌を温めて清潔にしてから。肌を温めるとやわらかくなり、刃の動きに合わせてしなうので、傷がつきにくくなります。また、剃る前に肌を石鹸《せっけん》で洗って雑菌を落としておくことも必要です。

③乳液か泡などのすべるものをつけてから剃る。

④剃ったあとは保湿する。剃ると表面の皮脂など

のうるおいも奪われるので、乾燥しやすくなります。剃ったあとは乳液などをつけて保湿しましょう。

自分で処理する場合❷「抜く」

毛抜き、電気脱毛器、テープ、ワックスなどの手法があります。

抜くことは、剃ることに比べると、肌への負担が大きくなります。毛穴の奥で毛根《もうこん》をひきちぎることになるためです。

ちぎった部分は傷がつき、目には見えなくても少し出血しています。時間がたてば自然に治りますが、抜いて傷をつけてそれが治る、ということを何度も繰り返すと、皮膚が硬くなります（「瘢痕化《はんこんか》」といいます）。

瘢痕化を起こすと、毛穴が硬くなり、ひきつれて曲がってしまったりします。表面から見ると毛穴が鳥肌のようにボツボツして、毛があちこちまばらな方向を向いていたり、ひどい場合は「埋没毛《まいぼつもう》」といって埋もれてしまいます。次第に、抜いたあとの治りが悪くなり、化膿《かのう》したり、そこから色素沈着を起こしたりします。

抜くことはおすすめできませんが、どうしても抜くのであれば、剃る場合と同様に洗って清潔にし、温めてからおこないます。

永久脱毛（レーザー脱毛や光脱毛）の仕組みと施術の流れ

何年も同じ方法で自己処理をしていても、次第にそのダメージが蓄積され、急に、処理したあとにかゆみ、化膿、色素沈着などを起こしはじめることがあります。

そうなってきたら、処理方法を変えてみて、それでも治らない場合は「**レーザー脱毛**」などの永久脱毛を受けたほうがよいでしょう。

自己処理よりも、永久脱毛の施術のほうが、肌への負担は少ないといえます。今は技術が進んでいるので、肌が弱い方でも受けることができ、きちんと処理すれば、二度と生えてくることはありません。

永久脱毛は、レーザーや「ＩＰＬ」の熱で毛根を破壊するものです。皮膚には熱を加えずに、毛根だけをうまく火傷《やけど》の状態にします。

レーザー脱毛や光脱毛の流れ

①前日か当日に、脱毛する部分の毛を剃ります。

②照射をします。パチンと一瞬熱い感じがしますが、強い痛みではありません。通常、わきであれば5分以内、脚などの広範囲でも10～15分程度で照射は終わります。

③終わったあと、少し冷やして保湿ローションなどを塗って終了です。

注意事項

◎日焼けしているとレーザーの効き目が悪くなるので（ごく一部、影響されないレーザーもあります）、脱毛したい部分の皮膚が日焼けしないように注意しましょう。

◎ケロイド体質の人、またてんかんの既往がある人は、脱毛を受けられない場合があります。妊娠中も治療はできません。

◎通常は、1～2か月おきに3回以上の照射をおこないます。通院期間中は、毛を抜かないようにしましょう。抜くと「毛周期」が狂って、脱毛の効果に影響します。

◎自己処理によって化膿している場合は、レーザー脱毛が受けられない場合もあります（機種による）。はじめに医師の診察を受けて、脱毛が可能かどうか確認しましょう。

レーザー脱毛と光脱毛は、どう違う？

医療脱毛では、レーザー以外に「**光脱毛器（IPL脱毛器）**」も使われています。光の波長の幅が広いのが光脱毛ですが、実際治療を受けるうえで、どちらのほうがよいというものではありません。

最近の脱毛器は進歩しており、レーザーでもIPLでも安全かつ結果は良好です。肌や毛の状態に合わせて設定を調節してくれるクリニックで施術を受ければ、どちらを使っても、安全に施術を受けることができます。

なお、毛根を破壊するような施術は医療機関でないと認められないため、エステサロンでは、ややおだやかな器械を使っており、「脱毛」と言わずに「減毛《げんもう》」などという言い方をします。

デリケートゾーンの毛はどう処理したらいい？

永久脱毛するかどうかは、自分の価値観で

「Ｖゾーン」（立ったときに正面から見える範囲の毛）、「Ｉゾーン」（ショーツに当たる部分の大陰唇の毛）、「Ｏゾーン」（肛門周り）の脱毛を希望する人が増えています。世界的な流行もあるようですが、「陰毛が白髪になると気になる」「将来、介護を受ける身になったときに汚物が付着しないようにしたい」という理由で脱毛する人もいるようです。

「医学的にみて、脱毛したほうがよいのでしょうか」という質問がよくありますが、それはなんともいえません。加齢や病気によって自分で排泄《はいせつ》ができなくなって、おむつをするようになれば、もちろん、毛はないほうが、洗浄は簡単です（ただし、すべての人がいつかはおむつを使うようになるということではなく、最後まで自分で排泄ができる人ももちろんいます）。毛で蒸れたりすれたりして陰部がかゆくなる人の場

合、脱毛して改善することもあります。
しかし、なかには「陰毛をすべて脱毛したら、下着の摩擦《まさつ》でかえってかゆみが出た」という人もまれにいます。毛がある状態とない状態と、どちらがかゆくなるかは人によって違うようです。
ちなみに、おりものシートは刺激が強いので、皮膚が直接当たると荒れることがあります。

脱毛するかどうかは、とてもパーソナルな問題です。医者に決めてもらうのでなく、自分でよく考えて決めましょう。

必ずしも1本残らず脱毛する必要はないので、肌のようすを見ながら、途中で脱毛を終了することも可能です。

いちばん見られやすい顔の毛のケア、どうする？

女性のひげ――なぜ生えてくるのか

女性でもひげのようなものが生えることがあります。口まわりやあごなどの、男性のひげと同じ部分に、濃いはっきりとした毛が生えたり、鼻の下に細い毛がうっすらと密集して、黒っぽく見えたりします。

更年期付近で、女性ホルモンが低下すると同時に男性ホルモンが活性化されることがあり、この時期にひげが濃くなるケースがあります。ただし、更年期でなくても、20代くらいの人でもひげがみられることがあり、原因はよくわかっていません。

気になる場合は、**顔用の電気シェーバーでやさしく剃りましょう**。抜くことは、色素沈着になるリスクがあるのであまりおすすめできません。

自己処理が難しい場合は、永久脱毛を受けるのも一案です。

鼻毛ケア――抜くのは厳禁

加齢で鼻毛が伸びることがあります。気になる人は、鼻毛用のハサミ（先が丸くなっていて皮膚を傷つけにくいもの）でやさしくカットしましょう。**抜くことは絶対にいけません。鼻の中には、黄色ブドウ球菌などの化膿しやすい菌がたくさん住んでいます**。鼻毛を抜いてそこから感染すると、顔全体が腫《は》れて目が開かないほどひどくなったり、入院を要する場合もあります。

ちなみに耳も同様で、耳の穴には菌が多くついています。耳かきなどで傷をつけると、同じように顔が腫れあがることがあります。

眉毛ケア――カットするか剃る

眉まわりの細かい毛が気になる人がいます。毛抜きなどで抜くと化膿してニキビのようになったり、色素沈着になったりすることがあります。**眉バサミでカットする**のが一番肌にやさしいですが、剃りたい人は、顔用の電気シェーバーを使いましょう。

まつ毛を長く伸ばすには

加齢でまつ毛が薄くなったり短くなったりすることがあります。

「ビマトプロスト」配合のまつ毛育毛剤を、美容皮膚科などで扱っています。これは「緑内障《りょくないしょう》」の目薬と同じ成分で、「医薬品」なので医師の処方が必要です。

薬剤が皮膚につくと黒っぽくなることがあるので、皮膚につかないように注意しながら専用のチップでまつ毛の根元に少量塗布します。もし皮膚についてしまったら綿棒などでぬぐいましょう（すぐに黒くなるということはありません）。

毎日1回、1か月ほど使い続けると、まつ毛が1.3～1.5倍ほどに長くなってきます。使用をやめて数か月たつと、効果が切れて元の長さに戻ってしまいます。効果が得られたら、塗布する頻度を落として（週に2、3回）使用し続けると、維持できます。

ただし、円形脱毛症などの疾患によってまつ毛が抜けた場合には効果がありません。また、効果があるのは上まつ毛だけで、下まつ毛や眉毛には効き目がありません。

まつ毛が薄くなってしまった場合、アイラインに「アートメイク」を入れるとカバーできることもあります。

column

薄くなった髪の毛や眉毛、まつ毛をカバーするアートメイク

アートメイクは、毛の薄くなった部分の皮膚に色素を入れるという、一種の「いれずみ」（タトゥー）です。ただし、体に入れるいれずみやタトゥーよりも皮膚の浅いところに入れるため、一生そのまま残るものではなく、年月とともに薄くなります。また最近では、「FDA承認」などの安全性の高い色素が使われるようになってきています。

眉毛のアートメイクの場合は、「自分で描くとうまく描けない」「ノーメイクのときでもきれいな眉毛でいたい」などの理由で入れる人が多いようです。色は茶系などバリエーションがあり、薄くぼかした感じや、立体的な感じなど、仕上がりも選ぶことができます。

アイラインのアートメイクは、まつ毛の根元を埋めるように黒い色素を入れるので、まつ毛が濃くなったように、目元がはっきりします。

最近では、生え際の髪が後退した部分に、髪の流れにそってアートメイクを入れて目立たなくすることもおこなわれています。薄毛をカバーするほか、小顔効果も期待できます。

新しいおしゃれの選択肢として、若い世代から年配の方、男性の方にもアートメイクを受ける人が増えています。ただし、受ける際にはリスクも理解したうえで、信頼できる医療機関で受けましょう。

索引

（本書に出てくるおもなワード）

参考文献

『改訂新版:ヘアケアってなに?』繊維応用技術研究会 編、花王株式会社ヘアケア研究所 著、繊維社、2019
『おもしろサイエンス　薄毛の科学』板見智 監修、乾重樹・植木理恵・伊藤泰介・倉田荘太郎・大山学 著、日刊工業新聞社、2016

取材協力

株式会社スヴェンソン レディス事業部(女性用ウィッグについて)
常盤薬品工業株式会社(ヘアケア用品について)
日華化学株式会社デミコスメティクス(ヘアカラーについて)

STAFF

モデル	久保寺淳
ヘアメイク	石和深雪(GON.)
撮影	龍崎浩二
撮影助手	森本美穂
本文デザイン	黒田志麻
イラストレーション	田口ヒロミ
編集協力	関根利子

著者紹介

吉木伸子　よしき皮膚科クリニック銀座院長。横浜市立大学医学部卒業。慶應義塾大学病院皮膚科学教室に入局浦和市立病院（現さいたま市立病院）皮膚科、埼玉県大宮市（現さいたま市）のレーザークリニックに勤務。その間、米国オハイオ州クリーブランドクリニック形成外科、日本漢方研究財団附属渋谷診療所にて、美容医療および東洋医学の研修をおこなう。日本美容学校皮膚科非常勤講師を兼任。
1998年、よしき皮膚科クリニック銀座を開業。レーザー、ケミカルピーリングなどの美容皮膚科学と漢方を取り入れた皮膚科治療をおこない、肌の悩みをもつ女性たちから厚い支持を得ている。

美容《びよう》皮膚《ひふ》科医《かい》が教《おし》える
大人《おとな》のヘアケア再入門《さいにゅうもん》

2021年8月1日　第1刷

著　者　吉《よし》木《き》伸《のぶ》子《こ》

発行者　小澤源太郎

責任編集　株式会社 プライム涌光
電話　編集部　03(3203)2850

発行所　株式会社 青春出版社
東京都新宿区若松町12番1号 〒162-0056
振替番号　00190-7-98602
電話　営業部　03(3207)1916

印刷　三松堂　　製本　大口製本

万一、落丁、乱丁がありました節は、お取りかえします。

ISBN978-4-413-23187-9 C0077

美容皮膚科医 **吉木伸子の好評既刊**

よかれと思って、
間違ったスキンケアを
していませんか？

マンガでわかる！美肌になる習慣、カン違いの習慣

実はNG！

顔をたたいても化粧水は肌には入っていきません。

実はNG！

数値が高ければ安心？　その思い込みが落とし穴です。

スキンケアは「引き算」が正しい

「最少ケアで、最強の美肌」が大人のルール

毎日のクレンジング、洗顔、保湿……
それらすべてに自信がもてますか？
本書では、つい間違えがちなケアを皮膚科医の目線で正していきます。

ISBN978-4-413-23080-3　1300円+税

※上記は本体価格です。（消費税が別途加算されます）
※書名コード（ISBN）は、書店へのご注文にご利用ください。書店にない場合、電話または Fax（書名・冊数・氏名・住所・電話番号を明記）でもご注文いただけます（代金引換宅急便）。商品到着時に定価＋手数料をお支払いください。
〔直販係　電話03-3207-1916　Fax 03-3205-6339〕
※青春出版社のホームページでも、オンラインで書籍をお買い求めいただけます。ぜひご利用ください。〔http://www.seishun.co.jp/〕

お願い　ページわりの関係からここでは一部の既刊本しか掲載してありません。折り込みの出版案内もご参考にご覧ください。